# 3日で25メートル泳げちゃう本

日本スポーツ協会
公認水泳教師 加藤義範《かとうよしのり》・著
ハナツカシオリ・絵

青月社

# はじめに

はじめまして、ぼくはこの本《ほん》でキミをサポートする水《すい》泳《えい》コーチ。もんた先《せん》生《せい》って呼《よ》んでくれ。

この本《ほん》は、**「いますぐに、クロールで25メートル泳《およ》げるようになりたい！」**というキミのための本《ほん》です。

「ほんとにできるの？」「そんなのムチャだよ！」と思《おも》うかもしれないけど、まったく泳《およ》げない人《ひと》に、この本《ほん》に書《か》かれている**「すごいやりかた」**を教《おし》えてあげると、**ほとんどの生《せい》徒《と》さんがすぐに25メートル泳《およ》げる**ようになるんだ。

泳《およ》ぎを教《おし》えてくれる
**もんた先《せん》生《せい》**

小学生《しょうがくせい》の子《こ》どもたちはもちろん、おとなやおじいさん・おばあさんまで。さまざまな年齢《ねんれい》の生徒《せいと》さんが、りっぱに目標《もくひょう》をクリアしてきたんだ。

泳《およ》ぎが苦手《にがて》だと、学校《がっこう》のプールの時間《じかん》がとてもいやだなあと感《かん》じるよね？先生《せんせい》も子《こ》どものころ、水泳《すいえい》が得意《とくい》ではなかったんだ。プールの時間《じかん》が近《ちか》づくと「雨《あめ》が降《ふ》って、授業《じゅぎょう》がつぶれてしまえばいいのに」と、つらい気持《きも》ちになってしまうこともあったんだよ。

でも、この本《ほん》に書《か》かれているとおりにやれば、キミもかならず25メートル泳《およ》げるようになるから安心《あんしん》しよう。

**泳《およ》げるようになれば、いやな気持《きも》ちとはさようなら。そのかわりに楽《たの》しいことがたくさん待《ま》ってるよ！**

そのために、**3日《か》間《かん》**だけ、いっしょにがんばろう！

## おうちのかたへ

スイミングは、子どもから高齢者までが安全に楽しめるすばらしいスポーツです。そして、海や川での水難事故のときに身を守ってくれる、とても有意義な技術です。

しかし、学校の水泳の授業だけでは十分に習得できない子が多いのも事実です。大きくなってからスイミングスクールに通うのは、かなりの勇気がいることでしょう。

こうして、多くの人が、泳げないという理由で水に関わるスポーツやレジャーにトライしたくてもできず、自然に遠のいてしまっています。また、毎年のように起こる水難事故では、少しでも泳げたならば救われた命もあったはずです。

**子どもたちにとって重要なのは、まずは「25メートルを泳ぎきる」こと。これができれば、大きな達成感が得られ、水泳の楽しみがわかり、チャレンジ精神がわいてきます。**より速く、より長い距離を泳ぐ技術はそのあとでいくらでも習得できます。とくに小さな子どもたちとっては、「25メートル完泳できたこと」はとても大きな自信になります。スポーツだけではなく、勉強にも前向きに取り組むようになっていきます。

この本で紹介するのは、**「できるだけ短期間（少ない練習回数）で、呼吸をしながら25メー**

**トルをクロールで完泳するための方法」**です。したがって必要のないトレーニングはすべてカットしています。しかも従来の習得順序や方法とはかなり異なっていますので、驚かれるかもしれません。もし疑問に感じる箇所があれば、随所に記載されている**「おうちのかたへ」**や巻末の**「Q&A」**をご覧ください。「なぜそうするのか」を詳しく解説しています。

お子さまが顔を水につけることができるレベルであれば、数回のレッスンでクロールで25メートルが完泳できるようになります。

今まで数百人の個人レッスンを行ってきましたが、ほとんどの方が2～3回のレッスンで25メートルを完泳しています。なかには、今まで壁を蹴って3～4メートルくらいしか進まなかったのに、たった1回のレッスンで25メートルを泳ぎきってしまった方もいます。

この本は、**私の個人レッスンの指導内容をそのまま再現できるように構成されています。お父さんお母さんも、お子さまと一緒にこの本に目を通していただき、3日間、お子さまの練習の「アドバイス」「サポート」「見守り」をお願いできればと思います。**3日間連続ではなく、週に1回の練習を3週間つづけるかたちでも十分です。

子どもと一緒に目標を達成したときの喜びを共有することは、かけがえのない体験となるはずです。なにより、お子さまにとって生涯忘れられない思い出となるでしょう。

# 3日《か》で25メートル泳《およ》げちゃう本《ほん》

## もくじ

## いっしょに練習《れんしゅう》する先生《せんせい》となかま

### もんた先生《せんせい》

元《もと》オリンピック選手《せんしゅ》の教えをもとに「だれでもすぐに25メートル泳《およ》げるようになる」練習法《れんしゅうほう》をあみだし、泳《およ》ぎが苦手《にがて》な子《こ》どもたちのために泳《およ》ぎを教《おし》えている。これまでに数百人《すうひゃくにん》の目標《もくひょう》の達成《たっせい》をサポートしてきた。日本《にほん》スポーツ協会公認水泳教師《きょうかいこうにんすいえいきょうし》。

### えいたくん

3日間《かかん》、キミといっしょにクロールの練《れん》習《しゅう》をする小学《しょうがく》3年生《ねんせい》の元気《げんき》な男《おとこ》の子《こ》。水泳《すいえい》が苦手《にがて》で、学校《がっこう》の授業《じゅぎょう》では、ちゃんと泳《およ》げたことがない。

# かくにん！

## 顔《かお》を水《みず》につけられるかな？

この本《ほん》の練習法《れんしゅうほう》で泳《およ》げるようになるには、ひとつだけ条件《じょうけん》があるんだ。それは「ゴーグルをつけた状態《じょうたい》で、顔《かお》を水《みず》に数秒間《すうびょうかん》つけていられること」。できない人《ひと》は、おふろや洗面《せんめん》器《き》などで何回《なんかい》か練習《れんしゅう》しよう。

準《じゅん》備《び》編《へん》

# 練習《れんしゅう》をはじめる前《まえ》の7つのやくそく

やくそく

# 1

# 練習中《れんしゅうちゅう》は休憩《きゅうけい》と水分補給《すいぶんほきゅう》を忘れずに

練習中《れんしゅうちゅう》に疲《つか》れてきたら、がんばりすぎずに休憩《きゅうけい》しよう。また、こまめに水分《すいぶん》をとることも大事《だいじ》。水《みず》の中《なか》でも知《し》らず知《し》らずのうちに汗《あせ》をかいていて、からだから水分《すいぶん》が失《うしな》われているんだ。

**おうちのかたへ**

お子さまは練習中、体の疲れやのどの渇きに自分では気づけない場合がありますので、保護者の方がこまめに休憩や水分補給を促してあげてください。

やくそく

# 2

# プールでの危険《きけん》な行動《こうどう》は禁止《きんし》！

プールサイドから水《みず》に飛《と》び込《こ》んだり、ふざけてプールサイドを走《はし》り回《まわ》ったりするような危険《きけん》な行為《こうい》はぜったいにやめよう。人《ひと》にぶつかったり、転《ころ》んでケガをするなど、思《おも》わぬ事故《じこ》につながってしまうよ。

**おうちのかたへ**

お子さまの安全のため、こうした行為には十分ご注意ください。また、公共のプールなどでは、練習中も周囲の人への接触などにご注意ください。

やくそく

# 3

# おしっこは
# トイレでしよう！

プールの中《なか》でおしっこがしたくなることってあるよね。そんなときは、がまんせずにすぐにトイレに行《い》こう。あらかじめトイレの場所《ばしょ》を確認《かくにん》しておくとあわてずにすむね。プールの中《なか》でしちゃうのはダメだよ！

やくそく

# 4

# ビート板《ばん》以《い》外《がい》の補《ほ》助《じょ》道《どう》具《ぐ》は使《つか》わない

練習《れんしゅう》で使《つか》う道具《どうぐ》はビート板《ばん》だけだよ。腕《うで》や腰《こし》につける補助道具《ほじょどうぐ》を使《つか》ってしまうと、それに頼《たよ》ってしまって悪《わる》いクセがついてしまうことがあるんだ。だからこの本《ほん》ではビート板《ばん》以外《いがい》は使《つか》わないよ。

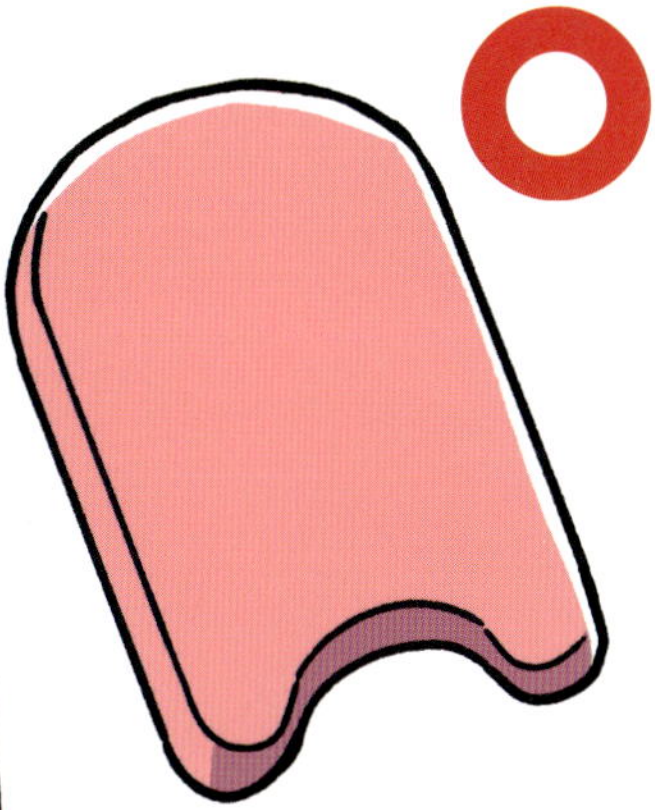

**ビート板《ばん》**

キック（バタ足）練習《れんしゅう》のときにビート板《ばん》を使《つか》うよ。プールに行《い》けば貸《か》してくれる。

**おうちのかたへ**

キックの仕方を覚えて身体を水面と平行にすることがクロールの第一歩ですが、補助具をつけるとどんなキックでも浮力を保てるため、正しいキックを短時間で習得できないことがあります。悪いクセがつくと修正に時間がかかります。

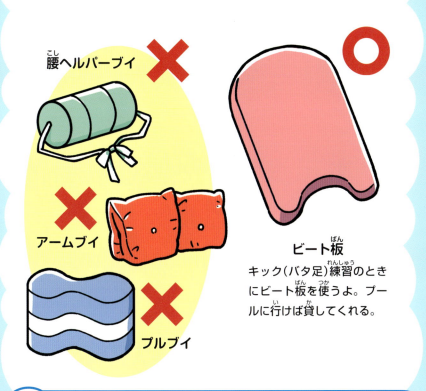

やくそく

# 5

# 胸《むね》から上《うえ》が 水《みず》の上《うえ》に出《で》る深《ふか》さで練習《れんしゅう》しよう

短期間《たんきかん》で泳《およ》げるようになるためには、プールに立《た》ったときに胸《むね》から上《うえ》が水《みず》の上《うえ》に出《で》るくらいの深《ふか》さの場所《ばしょ》で練習《れんしゅう》しよう。それより浅《あさ》すぎても深《ふか》すぎても練習《れんしゅう》しづらくなってしまうよ。

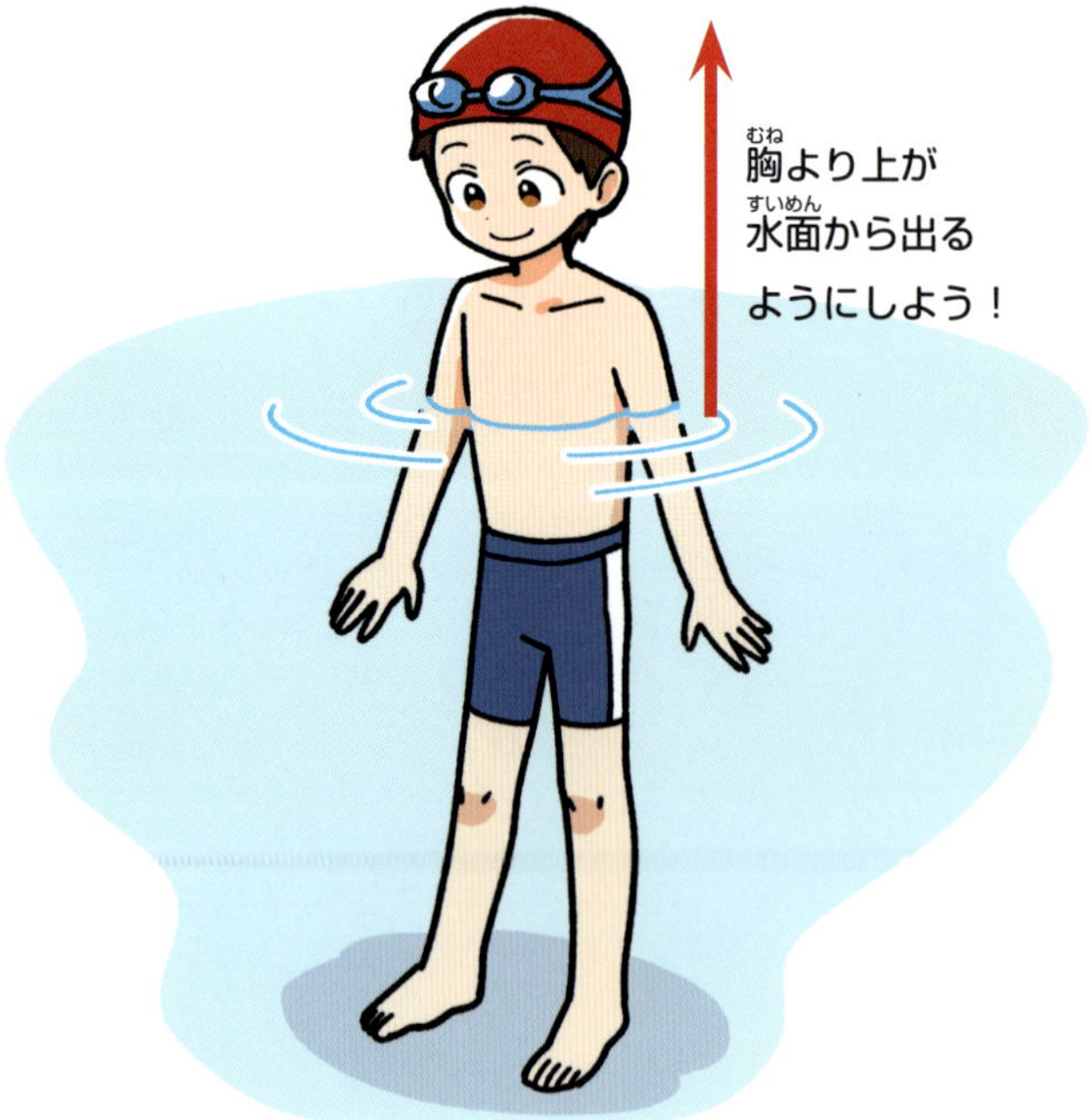


**おうちのかたへ**

肩まで水がくるような深い場所ではお子さまの恐怖心が先立ってしまい、練習に集中できません。また、腕のフォームや息つぎ練習がやりにくくなります。

やくそく

# 6

# アクションはおおげさくらいがちょうどいい

練習中《れんしゅうちゅう》の動《うご》きは、少《すこ》しおおげさにやるくらいがちょうどいいよ。たとえば、手《て》を肩幅《かたはば》より20センチくらい外《そと》がわに開《ひら》いているつもりでも、実際《じっさい》には10センチくらいしか開《ひら》いていないことが多《おお》いんだ。おおげさかな？と思《おも》うくらいに思《おも》い切《き》って開《ひら》いて、ちょうど 20センチになっているというわけ。

動作《どうさ》は自分《じぶん》ではおおげさに感《かん》じるくらいでちょうどいいんだ！
少《すこ》しおおげさに！

やくそく

# 7

# 練習前《れんしゅうまえ》と練習後《れんしゅうご》は かならずシャワーをしよう

練習前《れんしゅうまえ》と練習後《れんしゅうご》はかならず頭《あたま》から全身《ぜんしん》シャワーを浴《あ》びよう。練習後《れんしゅうご》のシャワーでは一緒《いっしょ》に目《め》も洗《あら》うようにしよう。うがいや耳《みみ》の中《なか》の水分《すいぶん》をとるのも忘《わす》れずに。目《め》に直接水《ちょくせつみず》を当《あ》てる洗眼《せんがん》シャワーは目《め》を傷《いた》めることがあるので、使《つか》わないほうがいいよ。

このタイプのものは
なるべく使《つか》わないよ
うにしよう

**おうちのかたへ**

練習後はうがいをし、ドライヤーやバスタオルでしっかり髪の水分をとり、耳の中を綿棒でふきとりましょう。水着やキャップは水洗いして脱水するか、バスタオルに挟んで上から足踏みすると水気が取れます。

練習編《れんしゅうへん》

# 1日目

## 基本《きほん》を学《まな》ぼう！

# 1日目《にちめ》の練習《れんしゅう》ガイド

**1日目《にちめ》は基本《きほん》をマスターして**
**安心《あんしん》して泳《およ》げる土台《どだい》をつくる！**

1日目《にちめ》は、プールでクロールを泳《およ》ぐための**土台《どだい》になる動作《どうさ》を8つのステップに分《わ》けてマスター**するよ。正《ただ》しいゴーグルのつけかたやプールへの安《あん》全《ぜん》な入《はい》りかたなど、すぐにマスターできちゃうステップからはじめるので、リラックスしてチャレンジしよう。

1日目《にちめ》の練習《れんしゅう》をしっかりやると、ビート板《ばん》を使《つか》わなくても**キック（バタ足《あし》）だけで数《すう》メートルは進《すす》める**ようになっているはずだ！

25メートル泳《およ》げる
ようになってる自分《じぶん》
を想像《そうぞう》してごらん？
今《いま》からワクワクして
くるね！

## おうちのかたへ

1日の練習時間は、休憩を入れながら90分前後とお考えください。

短期間で25メートル完泳するためのステップをもっとも効率的な順序で並べていますので、ステップ1から始めて、お子さまがある程度習得できたと感じたら次のステップへと順番に進んでください。

1日目でとくに重要なのは、ステップ5〜8です。水中で息を吐く練習は、息つぎをスムーズに行うための基礎となります。また、キック（ばた足）で下半身を水面に浮かせる練習は、クロールのすべての動作の土台となりますので、重点的におこなうことをおすすめします。

なんだか楽《たの》しみ！
3日《か》間《かん》、きみもぼく
といっしょに
がんばっていこう！
よろしくね！

## ステップ 1

# 準備体操《じゅんびたいそう》と ゴーグルのつけかた

練習《れんしゅう》の前《まえ》にかならず準備運動《じゅんびうんどう》をするよ。疲《つか》れない程度《ていど》に全身《ぜんしん》をほぐす運動《うんどう》をしよう。5分《ふん》くらいがめやすだよ。

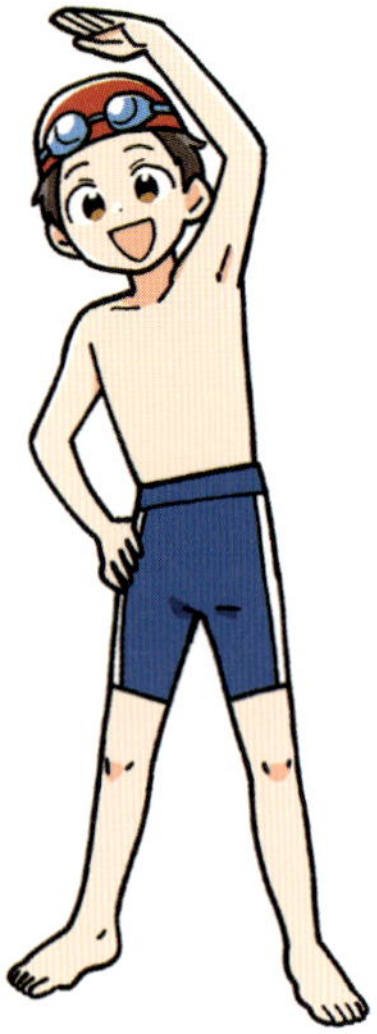

ゴーグルをつけるときは、下《した》の図《ず》のように2本《ほん》のストライプを広《ひろ》げよう。こうするとゴーグルがずれにくくなるよ。

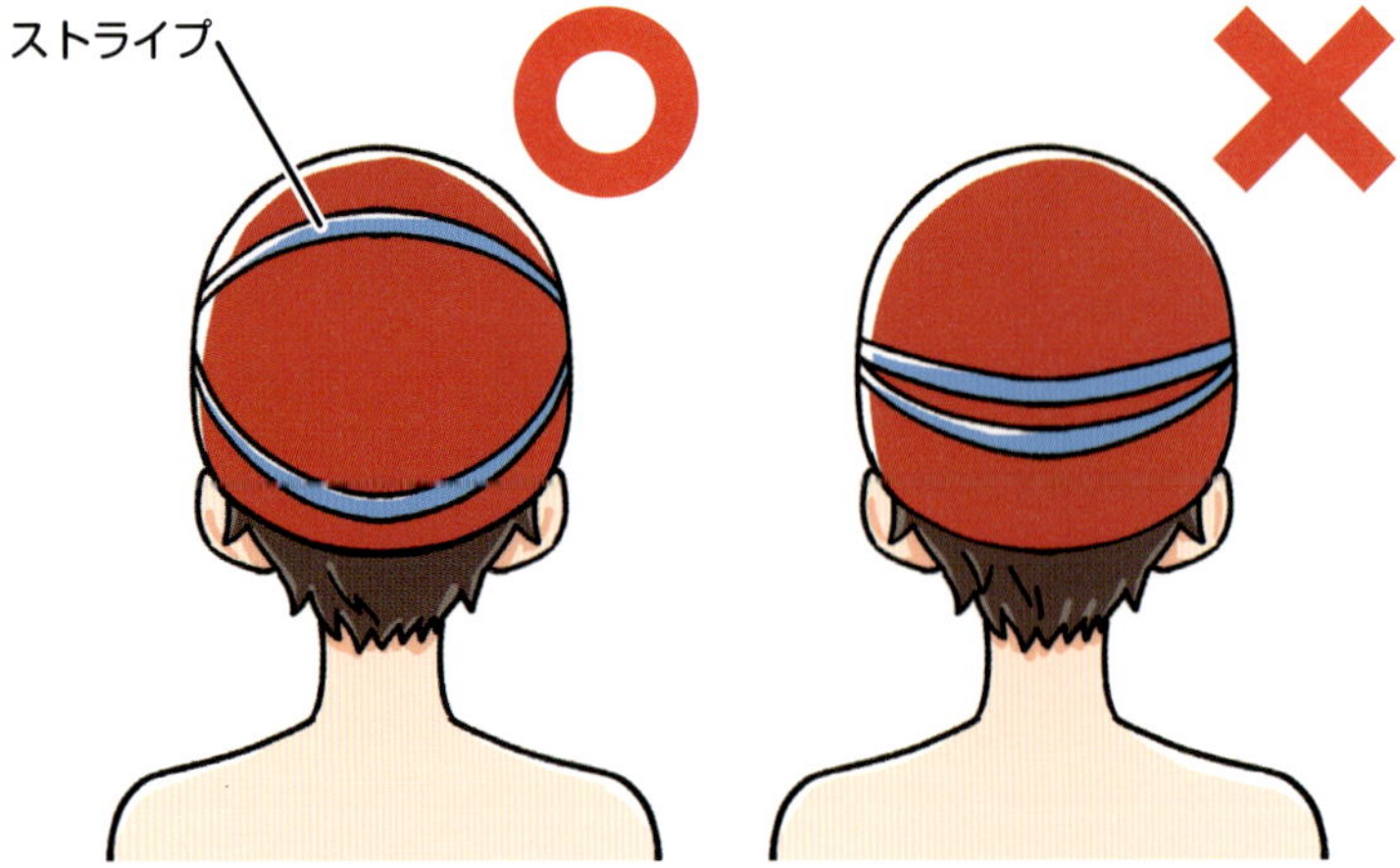


**おうちのかたへ**

お子さまと一緒に準備運動をするときは、保護者がプールを背にしてお子さまと向き合う形で行います。お子さまが誤ってプールに転落しないためです。

ステップ2

# プールサイドに座《すわ》って キック練習《れんしゅう》

プールサイドに座《すわ》った状態《じょうたい》で、キック（バタ足《あし》）の基本的《きほんてき》な足《あし》の形《かたち》と動《うご》かし方《かた》をマスターしよう。



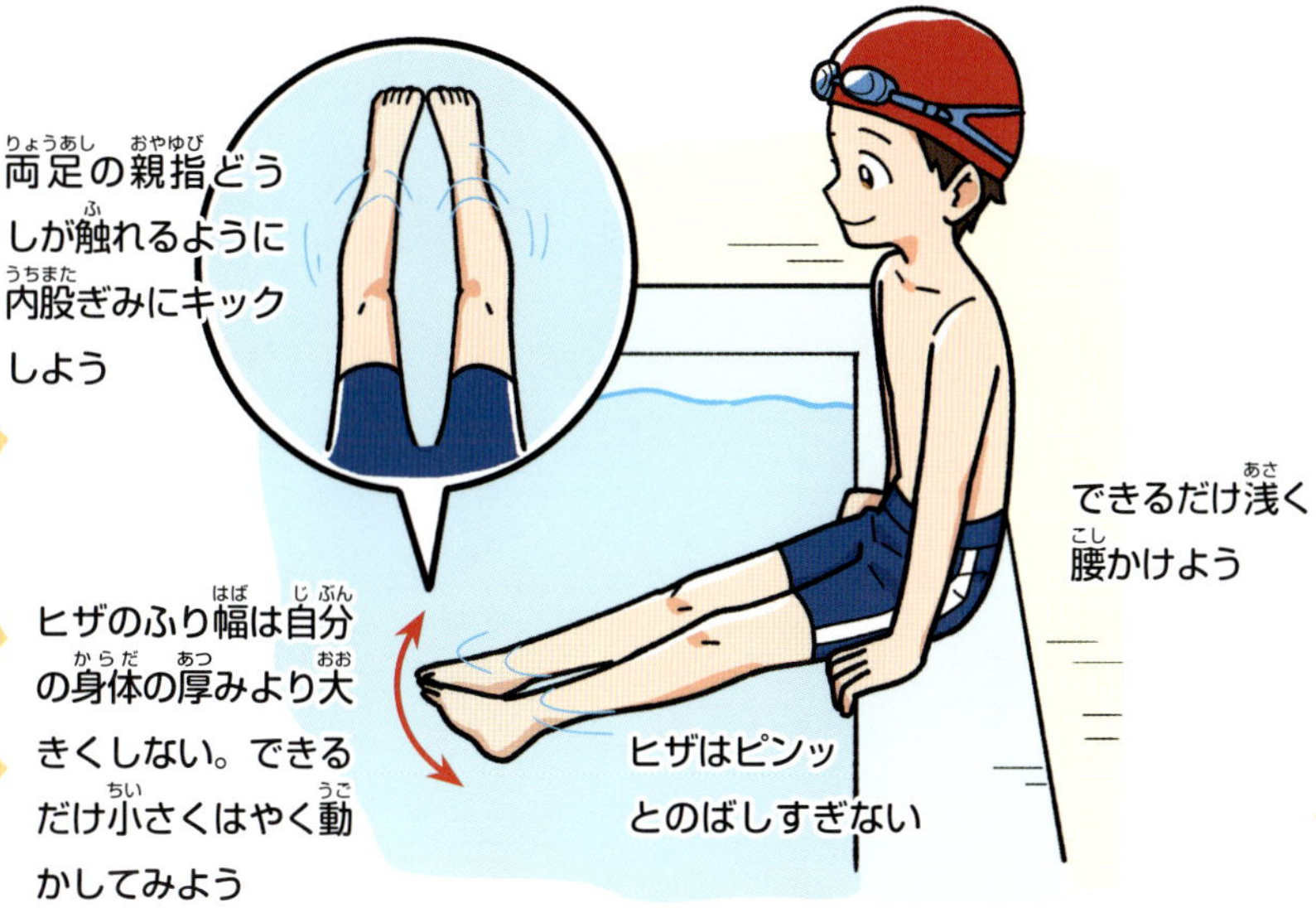
両足《りょうあし》の親指《おやゆび》どうしが触《ふ》れるように内股《うちまた》ぎみにキックしよう
できるだけ浅《あさ》く腰《こし》かけよう
ヒザのふり幅《はば》は自分《じぶん》の身体《からだ》の厚《あつ》みより大《おお》きくしない。できるだけ小《ちい》さくはやく動《うご》かしてみよう
ヒザはピンッとのばしすぎない

キックの幅《はば》は大《おお》きくしない

ヒザを曲《ま》げすぎない

# ステップ 3 プールへの安全《あんぜん》な入《はい》りかた

プールに入《はい》るとき、すべってケガをしないように、安全《あんぜん》に入《はい》る方法《ほうほう》をマスターしよう。

**準備《じゅんび》**

プールサイドに座《すわ》ったら、手で水《みず》を身体《からだ》にかけよう。身体《からだ》を水《みず》にならすんだ。

おなか
↓
うで
↓
かた
↓
あたま
↓
むね

この順番《じゅんばん》で水《みず》をかけよう

**1** 深《ふか》く座《すわ》って両手《りょうて》を身体《からだ》の右《みぎ》がわに置《お》く。

両手《りょうて》はなるだけ身体《からだ》に近《ちか》い位置《いち》に置《お》こう

**2** 両《りょう》ひじをのばしながら、時計回《とけいまわ》りに回転《かいてん》する。

なるべく身体《からだ》がプールサイドから離《はな》れないように回《まわ》ろう

**3** 身体《からだ》が完全《かんぜん》に回転《かいてん》してから、水《みず》にまっすぐ入《はい》る。

両手《りょうて》は最後《さいご》までプールサイドに置《お》いたまま

**おうちのかたへ**

プールサイドの面と水面の差が大きいプールでは、ラダー（はしご）を使います。ラダーを使うときは、転倒を防ぐため、かならずプール側に背中を向けてラダーを手でつかみながらゆっくり昇り降りするようにしてください。

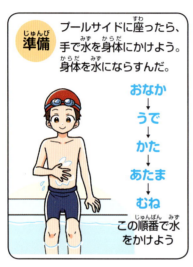

# ステップ4 プールからの安全な上《あ》がりかた

練習編《れんしゅうへん》 1日目《にちめ》

プールから出《で》るときも、すべったり、ヒザをすりむいたりしない安全《あんぜん》なやりかたがあるんだ。

身体《からだ》はなるべく
プールサイドに
近《ちか》づける
手を置《お》く場所《ばしょ》は
身体《からだ》の左《ひだり》がわ

まっすぐ上《うえ》に飛《と》び上《あ》がり、右《みぎ》うでを中心《ちゅうしん》に身体《からだ》を回転《かいてん》させながらプールサイドにおしりをのせる。なるべく深《ふか》く座《すわ》れるようにしよう

## ステップ 5 水《みず》の中《なか》で息《いき》をはく練習《れんしゅう》

ここでは、水《みず》の中《なか》で鼻《はな》から息《いき》をはく感覚《かんかく》をマスターするよ。
ゴーグルをつけて、慣《な》れるまでくり返《かえ》し練習《れんしゅう》しよう。

**1** 口《くち》から大《おお》きく息《いき》を吸《す》いこむ。

**2** 鼻《はな》から息《いき》をはきながら、頭《あたま》が完全《かんぜん》にかくれるくらい水《みず》の中《なか》にしずむこむ。息《いき》をすべて水《みず》の中《なか》ではききるようにしよう。

顔《かお》は正面《しょうめん》に向《む》けたまままっすぐ下《した》にしずむ。前《まえ》かがみになって顔《かお》だけ水《みず》につける形《かたち》にならないようにね

**1** **2** を10回《かい》くり返《かえ》してみよう！

**おうちのかたへ**

初心者はどうしても鼻から水が入ってしまうことが多く、それだけで不快感をもってしまうものです。水中で鼻から息をはく習慣を身につけると、それがなくなり、短期間で泳ぎを習得することができます。

**3**

水中《すいちゅう》で鼻《はな》から息《いき》をはく練習《れんしゅう》を10回《かい》ほどくり返《かえ》して慣《な》れてきたら、こんどは水中《すいちゅう》で3秒《びょう》かけて鼻《はな》から息《いき》をはききってみよう。それができたら、さらに5秒《びょう》、10秒《びょう》、15秒《びょう》と、時間《じかん》を長《なが》くして息《いき》をはききる練習《れんしゅう》をするよ。

秒数《びょうすう》に合《あ》わせて少《すこ》しずつ鼻《はな》から息《いき》をはいて、さいごに全部《ぜんぶ》はききるコントロールができるようになろう。

できる人《ひと》は、両足《りょうあし》を前《まえ》にそろえて投《な》げ出《だ》した姿勢《しせい》をとってプールの底《そこ》にしずんでみよう。少《すこ》しずつ水中《すいちゅう》で息《いき》をはいていくと、だんだん身体《からだ》がしずみはじめて、最後《さいご》はプールの底《そこ》にきれいに座《すわ》ることができるようになるよ

**おうちのかたへ**

うまく底まで沈むことができないのは、肺の中にたくさんの空気が残っているためです。焦らずゆっくり息をはききっていけば、自然と底まで沈みます。

# ステップ6 ビート板《ばん》を使《つか》ったキック練習《れんしゅう》

ビート板《ばん》を使《つか》ってキック（バタ足《あし》）のしかたをマスターするよ。まずはビート板《ばん》の正《ただ》しい持《も》ちかたを覚《おぼ》えよう。

## ビート板《ばん》の持《も》ちかた

ひじは曲《ま》げない。両腕《りょううで》を内《うち》がわにしぼるようにするとひじがしっかりのびる
ビート板《ばん》を親指《おやゆび》とその他《ほか》の指《ゆび》でしっかりはさむ

ビート板《ばん》はまっすぐかまえよう。手首《てくび》が曲《ま》がってしまうと、前《まえ》に進《すす》みづらくなってしまう

**おうちのかたへ**　ビート板はキック練習でしか使用しません。腕のフォームなどの練習でビート板を使用すると習得が遅れることがあるためです。

キックの練習《れんしゅう》は、最初《さいしょ》から顔《かお》を水《みず》につけてやるよ。鼻《はな》から少《すこ》しずつ息《いき》をはきながらキックで進《すす》んでみよう。コツは、キックの幅《はば》を小《ちい》さくすること、そして、できるだけはやく動《うご》かすことだよ。

## キック練習《れんしゅう》のフォーム

おでこが半分《はんぶん》くらい水《みず》につかるように。目線《めせん》は3～5メートル先《さき》のプールの底《そこ》を見《み》る
ステップ2で練習《れんしゅう》したように、こまかく、はやくキックする。水面《すいめん》に10センチくらいの高《たか》さの泡《あわ》が立《た》つような感《かん》じになる。大《おお》きなしぶきを上《あ》げないように気《き》をつける
3～5
メートル先《さき》を見《み》る
ステップ5で練習《れんしゅう》したように、鼻《はな》から少《すこ》しずつ息《いき》をはきながら進《すす》む。はいて、とめて、はいて、とめてのくり返《かえ》しでもよい

どうしても腰《こし》から下《した》がしずんでしまう場合《ばあい》は、さらにキックの幅《はば》を小《ちい》さくしてみよう。それでもむずかしいと感《かん》じたら、あごを引《ひ》いてプールの真下《ました》を見《み》るようにしよう。この場合《ばあい》は、人《ひと》や壁《かべ》にぶつからないように注意《ちゅうい》してね。

**おうちのかたへ**　顔はかならず水につけて練習します。顔を水から出してキック練習をすると、腰から下が沈みがちになるからです。

# ステップ7 かべ蹴《け》りスタートからのビート板《ばん》キック練習《れんしゅう》

次《つぎ》はかべを蹴《け》ってスタートしてから、キックの練習《れんしゅう》をしてみよう。まだビート板《ばん》は持《も》ったままでいいよ。スタートにいきおいが出《で》るので、もっと先《さき》へ進《すす》めるようになるぞ！

## 片《かた》足《あし》立《だ》ち スタート

**1** プールのかべに背中《せなか》を近《ちか》づけて、片足《かたあし》で立《た》ち、もう一方《いっぽう》の足《あし》の裏《うら》をプールのかべにつける。

片方《かたほう》の足《あし》は、なるべくヒザより高《たか》い位置《いち》、おしりに近《ちか》い位置《いち》にセットする

**2** 口《くち》から大《おお》きく息《いき》を吸《す》ってから顔《かお》を水《みず》につけてスタート。このとき、プールに立《た》っている片《かた》足《あし》を、かべにセットしているほうの足《あし》の横《よこ》にそろえて、両足《りょうあし》で力強《ちからづよ》く蹴《け》ってスタートする。

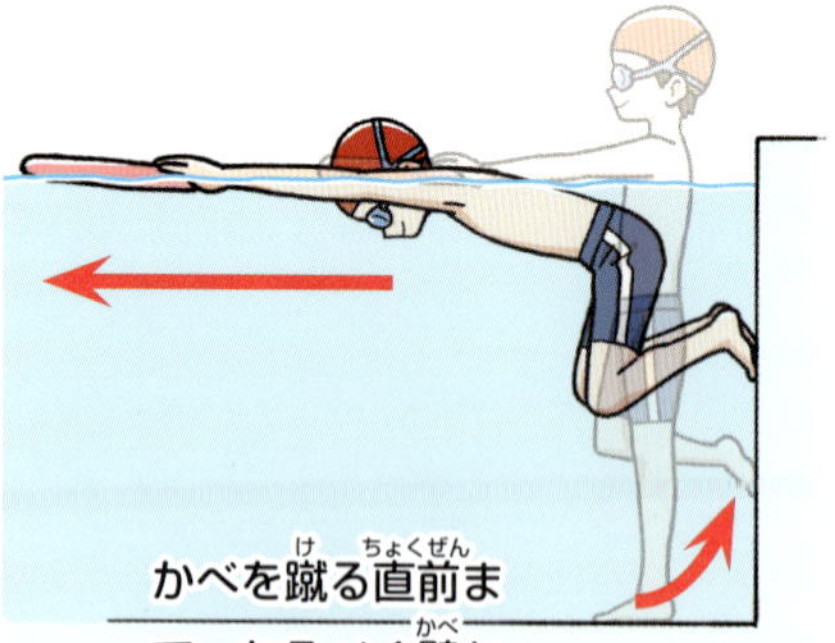

かべを蹴《け》る直前《ちょくぜん》まで、なるべく壁《かべ》から身体《からだ》が離《はな》れないようにする

**3** 壁《かべ》を蹴《け》ったら身体《からだ》はまっすぐにのばす。2、3秒後《びょうご》に速《そく》度《ど》が遅《おそ》くなりかけたら、キックをしはじめて前進《ぜんしん》する。

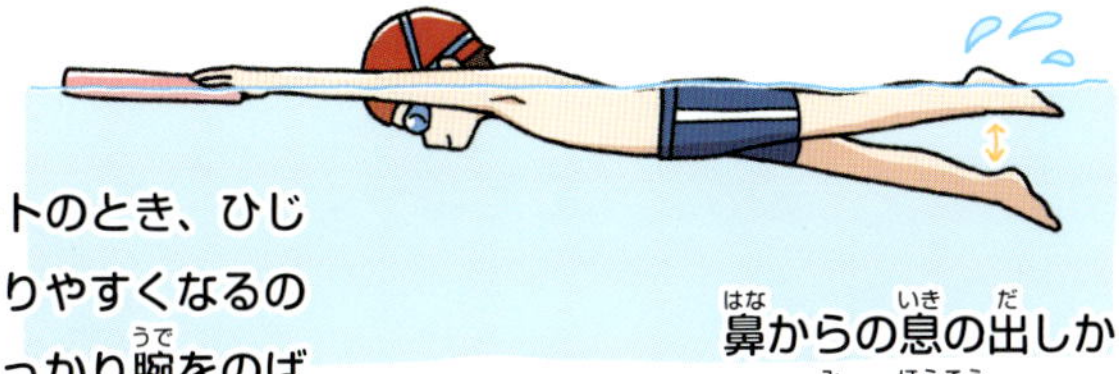

スタートのとき、ひじが曲《ま》がりやすくなるので、しっかり腕《うで》をのばした状態《じょうたい》をキープ

鼻《はな》からの息《いき》の出《だ》しかた、見《み》る方向《ほうこう》、キックのしかたは、今《いま》までの練習《れんしゅう》のとおり

片足《かたあし》立《だ》ちからのスタートができるようになったら、両足《りょうあし》で立《た》った状態《じょうたい》から、両足《りょうあし》同時《どうじ》にかべに足《あし》の裏《うら》をつけて、かべ蹴《け》りスタートしてみよう。

## 両足《りょうあし》立《だ》ち スタート

両足《りょうあし》でプールに立《た》ち、スタートのときに水中《すいちゅう》でジャンプして両足《りょうあし》でかべを蹴《け》る

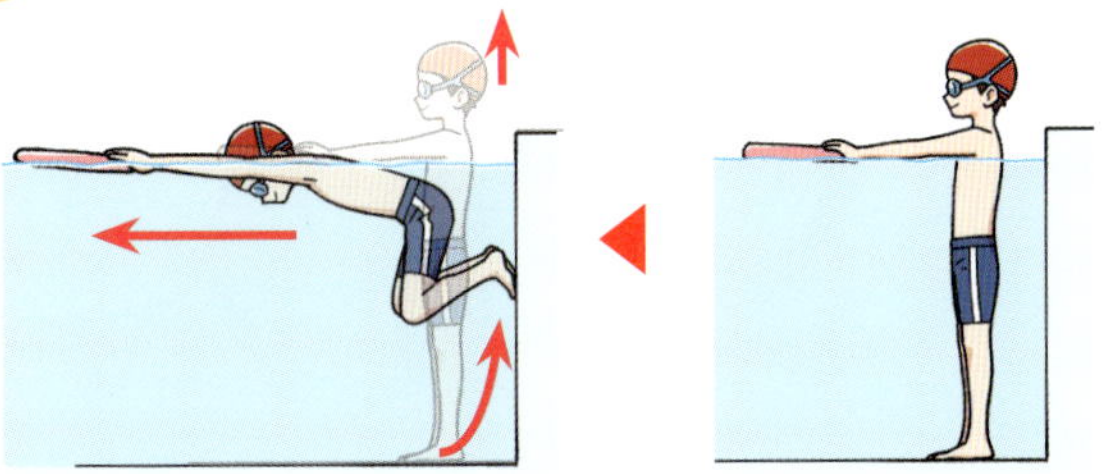

**おうちのかたへ**

顔はかならず水につけて練習します。顔を水から出してキック練習をすると、腰から下が沈みがちになるからです。

ステップ 8

# ビート板《ばん》なしのキック練習《れんしゅう》

いよいよ１日目《にちめ》の最後《さいご》のステップだ！

ここでは、ビート板《ばん》を使《つか》わないでキックの練習《れんしゅう》をするよ。

ここまでのステップをしっかりマスターしていれば、ビート板《ばん》がなくてもまったく怖《こわ》がることはないぞ。

かべ蹴《け》りスタートで勢《いきお》いをつけて、しっかりとキックをしながら息《いき》がつづくまで進《すす》もう。これだけで何《なん》メートル進《すす》めるかチャレンジしてみるのも楽《たの》しいね！

1　ビート板《ばん》のかわりに両手《りょうて》の親指《おやゆび》どうしをひっかけて小《ちい》さなビート板《ばん》のかたちをつくる。

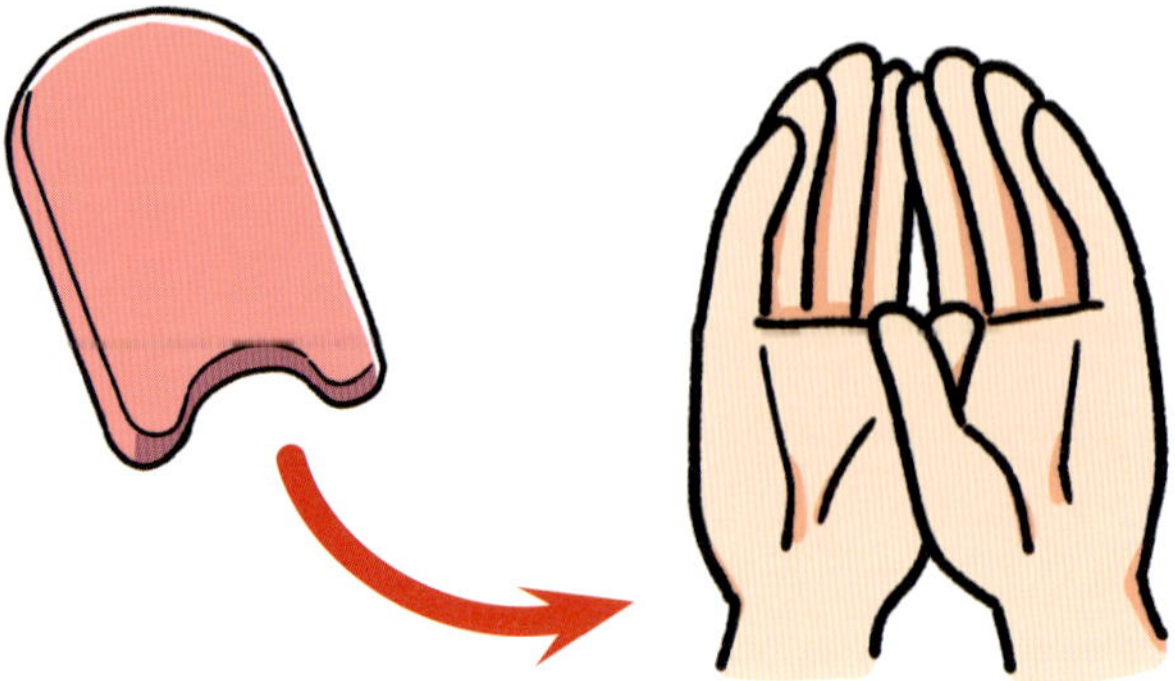

## 2

片足《かたあし》立《だ》ち（できる人《ひと》は両足《りょうあし》立《だ》ち）から、かべ蹴《け》りスタートをして、手《て》のひらをビート板《ばん》のようにしてキックだけで前進《ぜんしん》する。

おさらい

スタートして2～3秒後《びょうご》に鼻《はな》から少《すこ》しずつ息《いき》をはいていき、最後《さいご》まではききる（または、何回《なんかい》かこまかく息《いき》をはく、とめるをくり返《かえ》す）

おさらい

ひじは曲《ま》げない

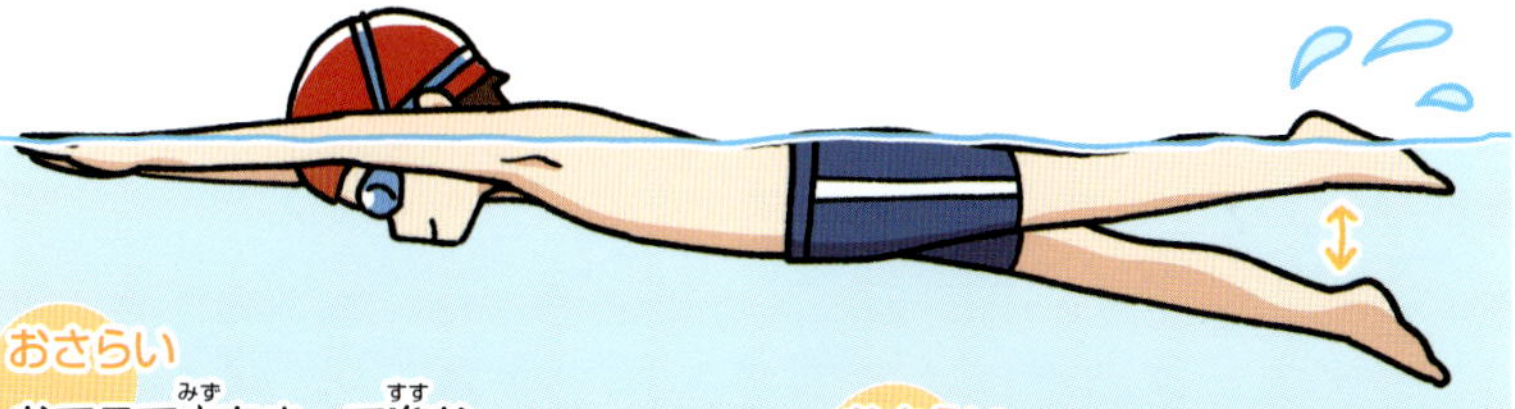

おさらい

おでこで水《みず》をきって進《すす》む。目線《めせん》は３～５メートル先《さき》のプール の底《そこ》を見《み》る（または真《ま》下《した》でもよい）

おさらい

キックは幅《はば》を小《ちい》さく、できるだけはやく打《う》つ。水面《すいめん》近《ちか》くをこまかく打《う》って大《おお》きな水《みず》しぶきをあげない

## 3

息《いき》をはききって、水中《すいちゅう》で立《た》ちどまるときは、右《みぎ》の図《ず》のように両手《りょうて》と両足《りょうあし》を近《ちか》づけながら背中《せなか》を丸《まる》めると、すんなりプールに立《た》つことができる

# 1日目《にちめ》のふり返《かえ》り

下《した》の表《ひょう》は、1日目《にちめ》の練習《れんしゅう》のポイントをまとめたものだよ。練習《れんしゅう》をふり返《かえ》って、それぞれの項目《こうもく》をしっかりマスターできたかどうかチェックして書《か》き込《こ》んでみよう。

◎カンペキ！　○できる　△少《すこ》し不安《ふあん》　×できなかった

| ふり返《かえ》りポイント | チェック |
|---|---|
| プールに正《ただ》しく入ることができる | |
| プールから正《ただ》しく出《で》ることができる | |
| 水中《すいちゅう》で鼻《はな》から息《いき》をはききることができる | |
| 水中《すいちゅう》で息《いき》をはきながらプールの底《そこ》におしりをつけることができる | |
| こまかく、すばやくキックができる | |
| ビート板《ばん》をもって両足《りょうあし》立《だ》ちからのかべ蹴《け》りスタートができる | |
| かべ蹴《け》りスタートのあと、腕《うで》と身体《からだ》をまっすぐのばす姿勢《しせい》ができる | |
| ビート板《ばん》をもってキックで進《すす》むことができる | |
| ビート板《ばん》をもたずにキックだけで進《すす》むことができる | |

自分《じぶん》が苦手《にがて》なところを知《し》ることはとっても大事《だいじ》。△や×があっても、2日目《かめ》にしっかりおさらいできるので心配《しんぱい》ないよ。

練習編《れんしゅうへん》

# 2日目

## 腕《うで》のフォームを学《まな》ぼう

# 2日目《かめ》の練習《れんしゅう》ガイド

## 2日目《かめ》はこれまでの復習《ふくしゅう》と腕《うで》のフォームをマスターする

まず最初《さいしょ》に、1日目《にちめ》で学《まな》んだステップをもう一《いち》度《ど》すべて復習《ふくしゅう》してから、新《あら》たなステップに進《すす》もう。

今日《きょう》は、クロールの**腕《うで》のフォーム（動《うご》かしかた）を3つのステップに分《わ》けてマスターしていくよ。**

1日目《にちめ》で練習《れんしゅう》したキックに腕《うで》の動《うご》きが加《くわ》われば、一気《いっき》に進《すす》める距離《きょり》がのびるぞ。25メートルプールの半分《はんぶん》くらいは泳《およ》げるようになるはずだ。

2日目《かめ》の練習《れんしゅう》をクリアすれば、クロールの完成《かんせい》まではもうすぐだ！

1日目《にちめ》の練習《れんしゅう》で
少《すこ》し自信《じしん》がついた
というキミ！
今日《きょう》はもっとすごい
自分《じぶん》になれるよ！

## おうちのかたへ

クロールの腕のフォームは、手を水に入れて水をつかまえる「キャッチ」、水をおなかの下へ引いてくる「プル」、おなかの下から太ももの外へ手のひらで水を押し出す「プッシュ」、という3つの動作と、腕を前に戻し再び水に入れるまでの「リカバリー」という動作で成り立っています。

　しかし、このように動作を細かく分解して個別にマスターしようとすると、お子さまは、とても複雑な動作に感じてしまいます。

　重要なのは、「手のひらで水をつかまえて、おなかの下に引いてきて、太ももの外に押し出す一連の動作」だということだけです。身体で覚えるまで反復練習を促してください。

腕《うで》のフォームって
難《むずか》しそうだけど、
ここがいちばん大事《だいじ》
なんだろうなぁ。

ステップ1 準備体操《じゅんびたいそう》とゴーグルのつけかた

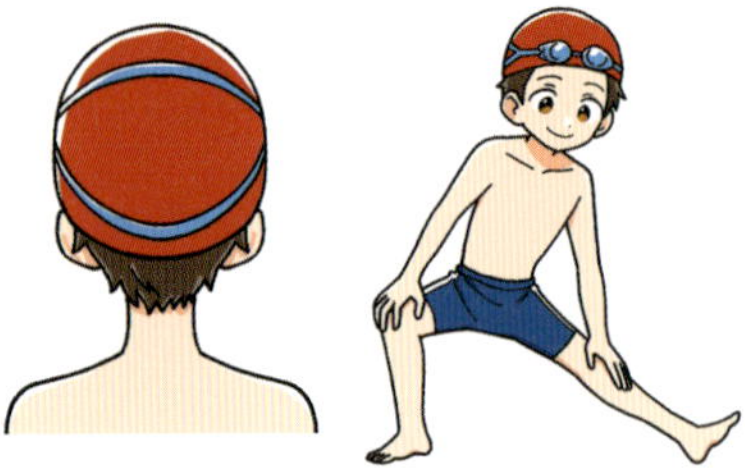

ステップ2 プールサイドに座《すわ》ってキック練習《れんしゅう》

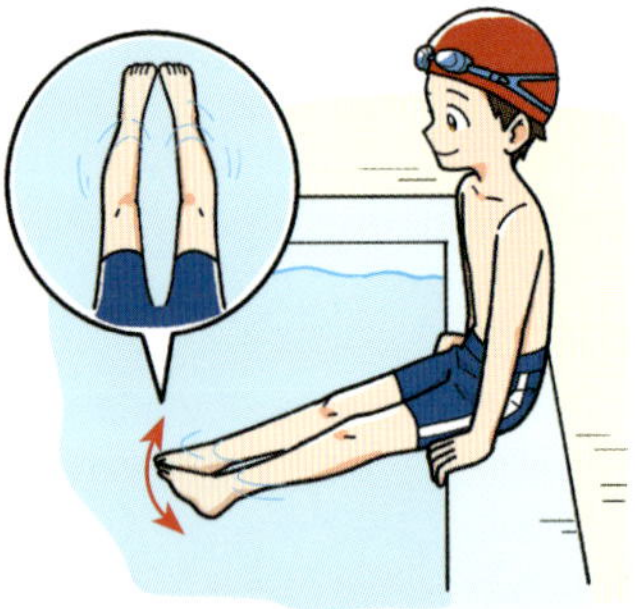

2日《か》目《め》の新《あたら》しいステップに進《すす》む前《まえ》に、1日《にち》目《め》で学《まな》んだステップ1～8をもう一度《いちど》やってみよう。この復習《ふくしゅう》がすごく大事《だいじ》なんだ！
全《ぜん》部《ぶ》マスターできたか、やってみよう！

## ステップ3 プールへの安全《あんぜん》な入《はい》りかた

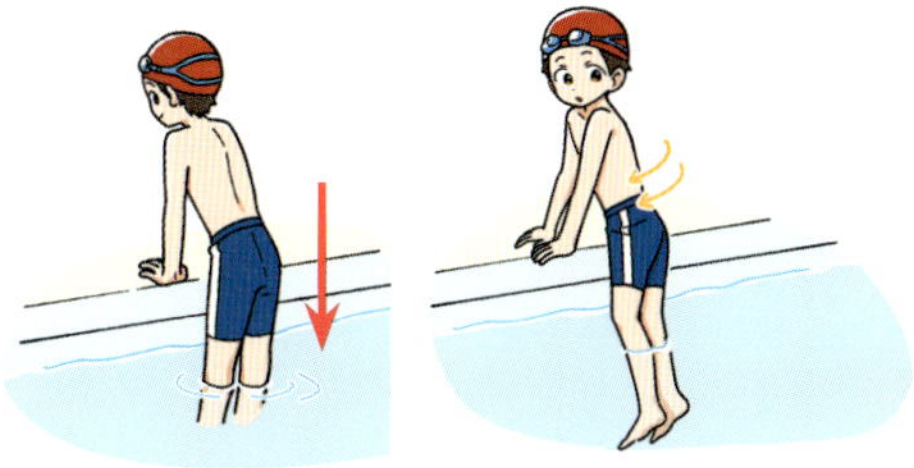

## ステップ4 プールからの安全《あんぜん》な上《あ》がりかた

## ステップ5 水《みず》の中《なか》で息《いき》をはく練習《れんしゅう》

## ステップ6 ビート板《ばん》を使《つか》ったキック練習《れんしゅう》

## ステップ7 かべ蹴《け》りスタートからのビート板《ばん》キック練習《れんしゅう》

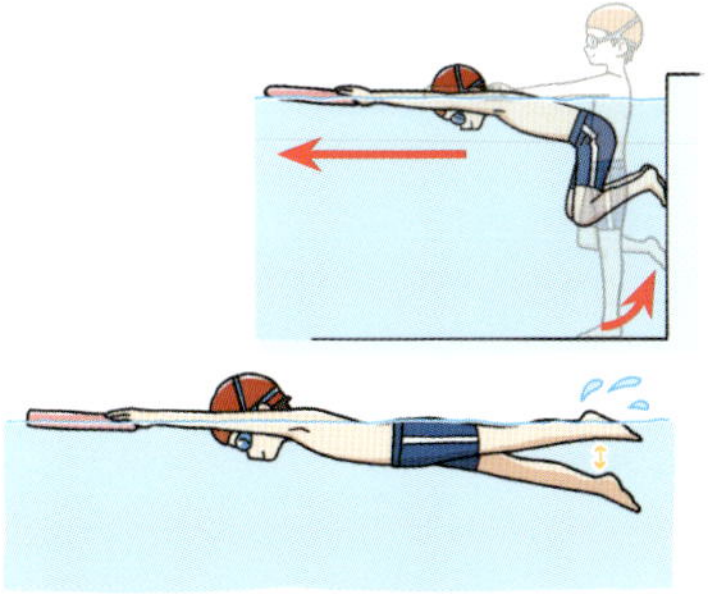

## ステップ8 ビート板《ばん》なしのキック練習《れんしゅう》

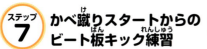

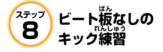

ステップ 9

# 立《た》ったまま 腕《うで》のフォーム練習《れんしゅう》

1日目《にちめ》の復習《ふくしゅう》が終《お》わったら、いよいよ腕《うで》のフォームの練習《れんしゅう》をはじめよう。このステップでは、プールに立《た》った状態《じょうたい》で、腕《うで》の動《うご》かしかたをマスターするよ。

## 水中《すいちゅう》での腕《うで》の動《うご》き（キャッチ・プル・プッシュ）

手《て》のひらで水《みず》をキャッチして胸《むね》からおなかの下《した》をとおって（プル）太《ふと》ももの外《そと》に水《みず》を押《お》し出《だ》す（プッシュ）

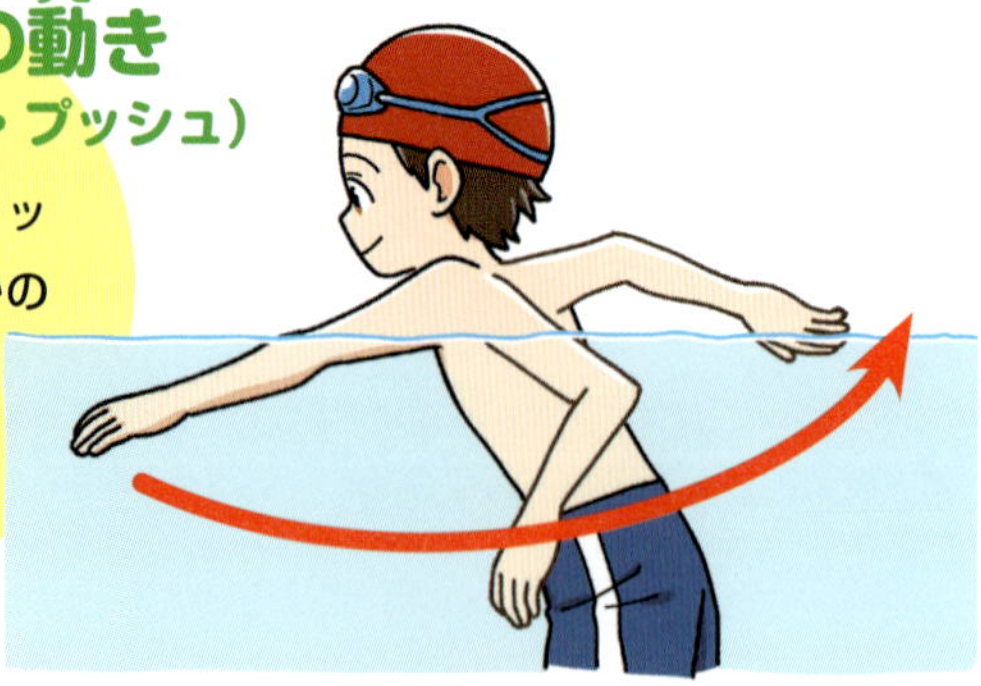

## 腕《うで》のもどし（リカバリー）

水面《すいめん》から出《で》た腕《うで》を前《まえ》にもどして水《みず》に入《い》れる

くわしい練習《れんしゅう》のしかたは、次《つぎ》のページから教《おし》えるよ。ここではまず腕《うで》の動《うご》き全体《ぜんたい》のイメージをつかんでおこう。

## フォーム練習《れんしゅう》をするときの立《た》ちかた

まず、肩幅《かたはば》より少《すこ》し広《ひろ》めに両足《りょうあし》を広《ひろ》げて、胸《むね》が水《みず》につかるくらいまでひざを曲《ま》げて立《た》とう。両手《りょうて》は肩幅《かたはば》より20センチくらい外《そと》がわ、水面《すいめん》より20センチくらい深《ふか》い位置《いち》にセットする。これがフォーム練習《れんしゅう》の基本姿勢《きほんしせい》だよ。

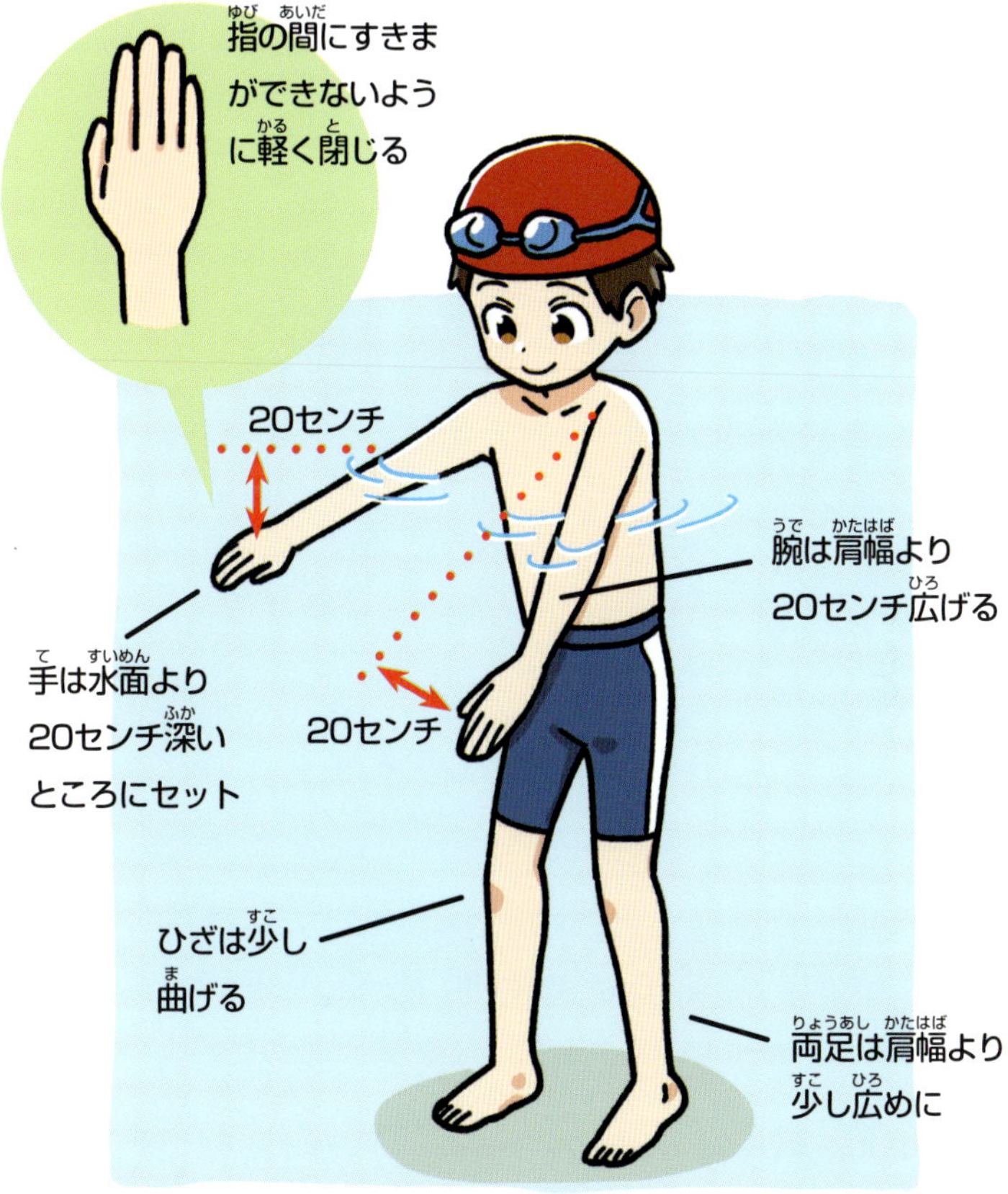

指《ゆび》の間《あいだ》にすきま
ができないよう
に軽《かる》く閉《と》じる
20センチ
腕《うで》は肩幅《かたはば》より
20センチ広《ひろ》げる
手《て》は水面《すいめん》より
20センチ深《ふか》い
ところにセット
20センチ
ひざは少《すこ》し
曲《ま》げる
両足《りょうあし》は肩幅《かたはば》より
少《すこ》し広《ひろ》めに


**おうちのかたへ**

最近では、指と指の間を軽く開くほうが速く泳げるといわれています。しかし、指を閉じたほうが、水の抵抗を容易に体感することができるため、初心者が早くフォームを習得することができます。

# 水中《すいちゅう》での腕《うで》の動《うご》きの練習《れんしゅう》

**1** 基本《きほん》の姿勢《しせい》をとったら、胸《むね》から頭《あたま》までを少《すこ》し前《まえ》かがみにする。
目線《めせん》はまっすぐ、左右《さゆう》の手《て》のまんなかあたりを見《み》る。

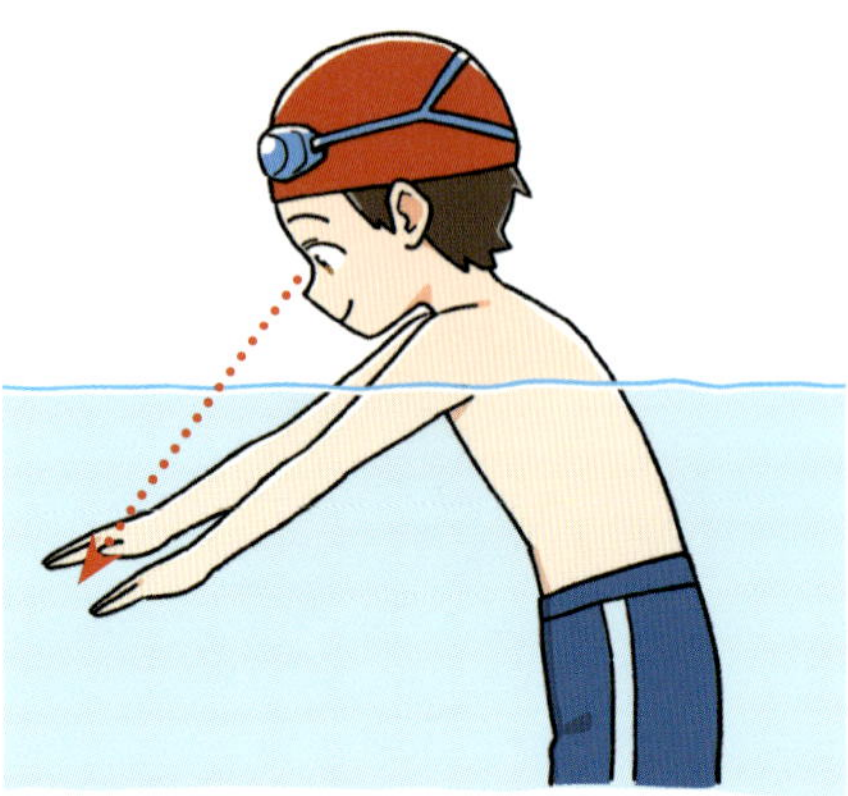

**2** 左《ひだり》ページの図《ず》のように、腕《うで》を動《うご》かしていく。手首《てくび》を内側《うちがわ》へ返《かえ》し、水《みず》をつかまえながら右《みぎ》ひじを曲《ま》げて、手《て》のひらが胸《むね》の下《した》からおなかの下《した》をとおるまで動《うご》かす。
このときいちばん大事《だいじ》なポイントは、ひじの位置《いち》をなるべく変《か》えないこと。ひじから先《さき》が車《くるま》のワイパーのように動《うご》くイメージ。

**3** 手《て》のひらがおなかの下《した》を通過《つうか》したら、ひじのことは考《かんが》えずに手《て》のひらで水《みず》を太《ふと》ももの外《そと》がわに一気《いっき》に押《お》し出《だ》す。押《お》し出《だ》す瞬間《しゅんかん》に、太《ふと》ももに触《ふ》れるようにすると感覚《かんかく》がつかみやすい。

**片方《かたほう》の腕《うで》の動《うご》きができたら、もう片方《かたほう》の腕《うで》もやってみよう！**

**おうちのかたへ**

腕のフォームの練習は、立ち位置を移動しないでおこなってください。前方へ歩きながら動作練習をすると、かならず上下の動きが発生し、水中での腕の動きや水上で腕を戻す動きを習得するのに逆効果となることがあります。

水をかくほうと反対《はんたい》の腕《うで》はのばしたまま位置《いち》を変《か》えないように注意《ちゅうい》

ひじの位置《いち》はなるべく変《か》えずに、胸《むね》からおなかへとワイパーのように動《うご》かす

手《て》のひらはおなかの下《した》を通過《つうか》する。しっかり水《みず》がかけるように手《て》のひらはプールの底《そこ》に対《たい》して垂直《すいちょく》になるようにする

最後《さいご》は太《ふと》ももの外《そと》がわに水《みず》を押《お》し出《だ》す！

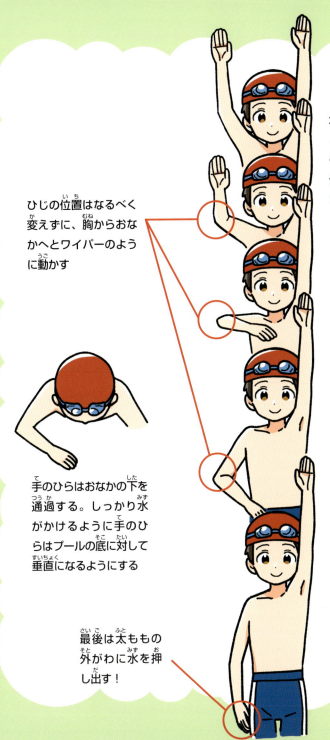

# 腕《うで》をもどすリカバリーの練習《れんしゅう》

**1** リカバリーのやりかたは２種類《しゅるい》あるけど、どちらかやりやすいほうをマスターしよう。まずは腕《うで》をのばしたままのリカバリーからやってみるよ。

## 腕《うで》をのばすやりかた

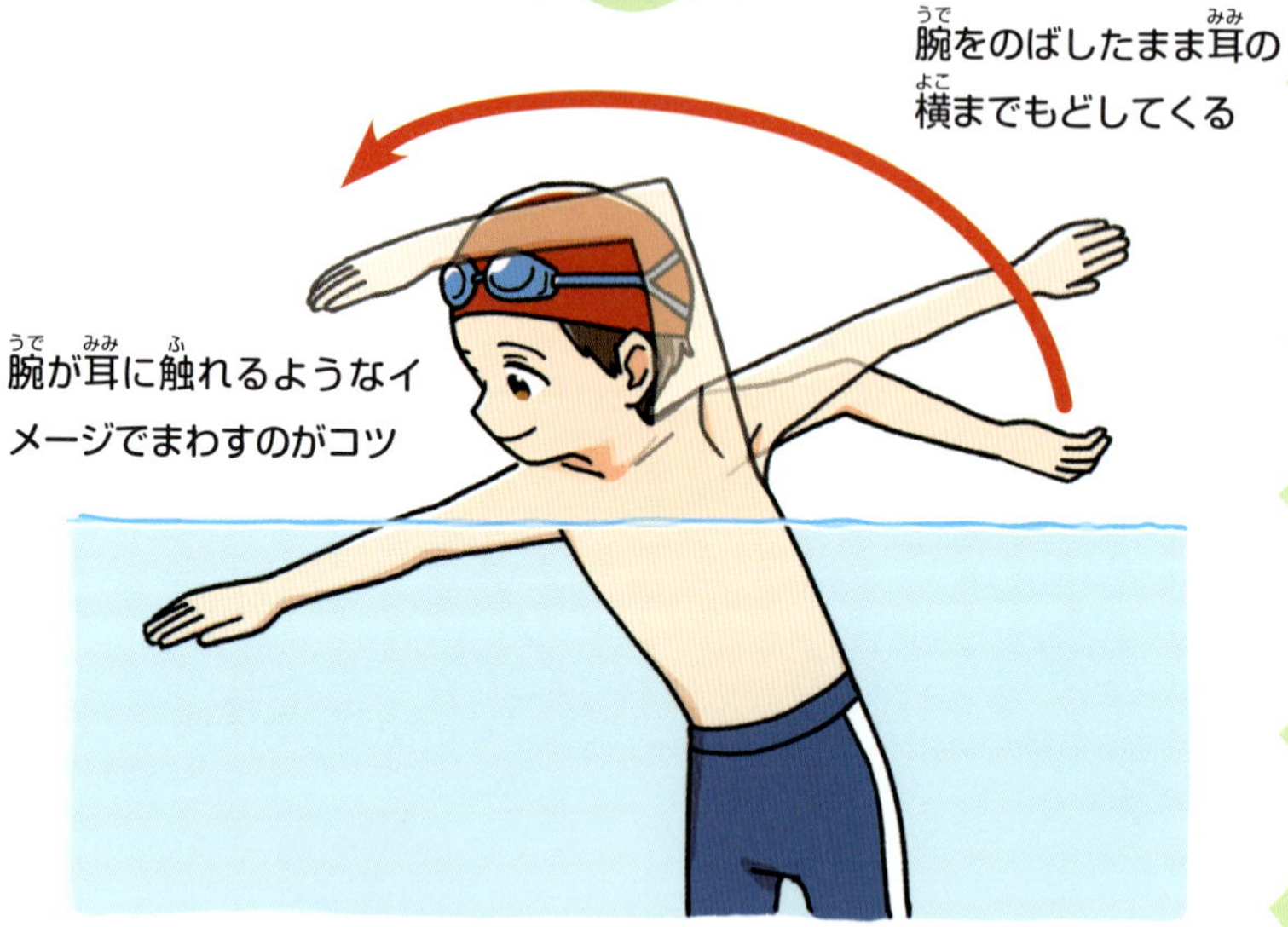

腕《うで》をのばしたまま耳《みみ》の横《よこ》までもどしてくる
腕《うで》が耳《みみ》に触《ふ》れるようなイメージでまわすのがコツ


水面《すいめん》に出《で》た腕《うで》をのばしたまま、肩《かた》から大《おお》きくまわす。腕《うで》が真上《まうえ》にきたときに、ひじを曲《ま》げて次《つぎ》の入水《にゅうすい》に備《そな》える

**片方《かたほう》の腕《うで》の動《うご》きができたら、もう片方《かたほう》の腕《うで》もやってみよう！**

**おうちのかたへ**
腕のフォームの練習は、プールの中だけでなく、陸上でも同じようにおこなうことができますので、おうちに帰ってからも復習が可能です。

次《つぎ》はひじを曲《ま》げるリカバリーをやってみよう。
どちらの方法《ほうほう》でも、いちばん大事《だいじ》なポイントは、「ひじの位置《いち》がかならず肩《かた》よりも上《うえ》にある」ということだよ。

## ひじを曲《ま》げる やりかた

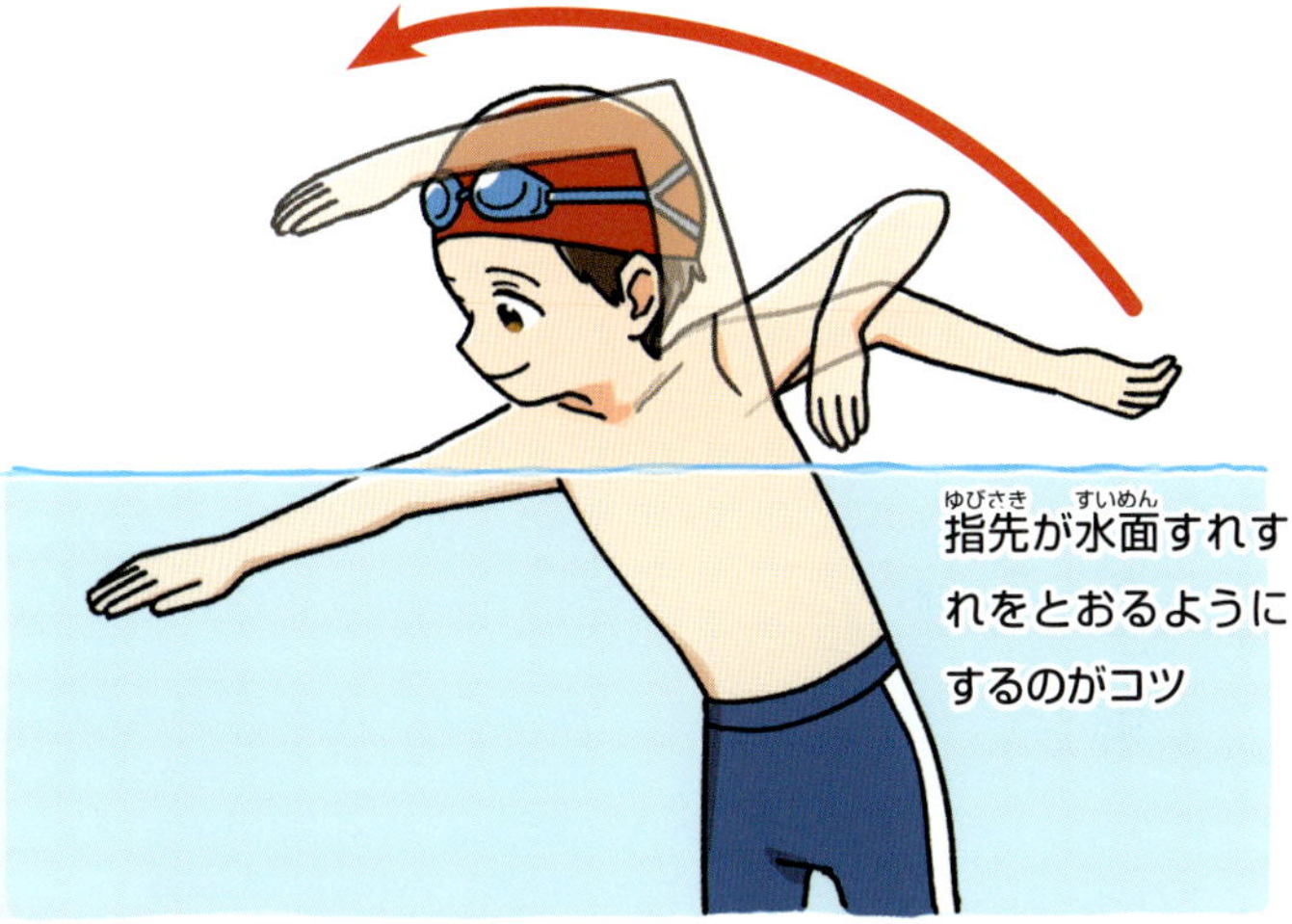
指先《ゆびさき》が水面《すいめん》すれすれをとおるようにするのがコツ

水面《すいめん》に出《で》た腕《うで》をひじを高《たか》く上《あ》げて、肩《かた》からひじまでの部分《ぶぶん》を前《まえ》に運《はこ》ぶようにして耳《みみ》の横《よこ》までもっていく。ひじから手《て》のひらまでは、ひじにぶら下《さ》がって前《まえ》へ運《はこ》ばれているようにリラックスして力《ちから》を抜《ぬ》く

**片方《かたほう》の腕《うで》の動《うご》きができたら、もう片方《かたほう》の腕《うで》もやってみよう！**

**おうちのかたへ**

2種類のリカバリーは、両方トライしてみて、お子さまに合ったほうで練習してください。ただし、最終的にはひじを曲げたリカバリーができるようになると良いです。無駄な力を必要とせずリラックスした動きになるからです。

**2**

肩幅《かたはば》から20センチくらい外《そと》がわへ手《て》を入《い》れる。このとき、手《て》のひらは内《うち》がわにかたむけて親指《おやゆび》のほうから入《い》れる。手《て》が水《みず》に入《はい》ったら、上半身《じょうはんしん》をひねるようにして肩《かた》から先《さき》をグッと前《まえ》へのばす。腕《うで》が完全《かんぜん》にのびたとき、手《て》のひらはプールの底《そこ》を向《む》いている。

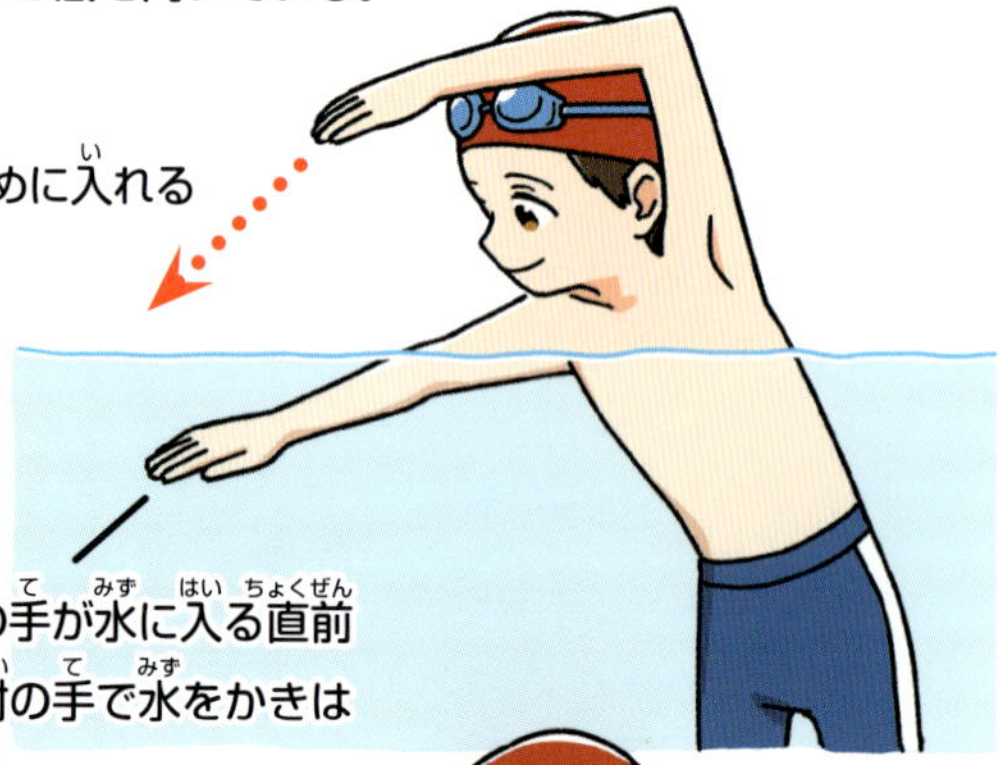
ななめに入《い》れる
片方《かたほう》の手《て》が水《みず》に入《はい》る直前《ちょくぜん》に反対《はんたい》の手《て》で水《みず》をかきはじめる

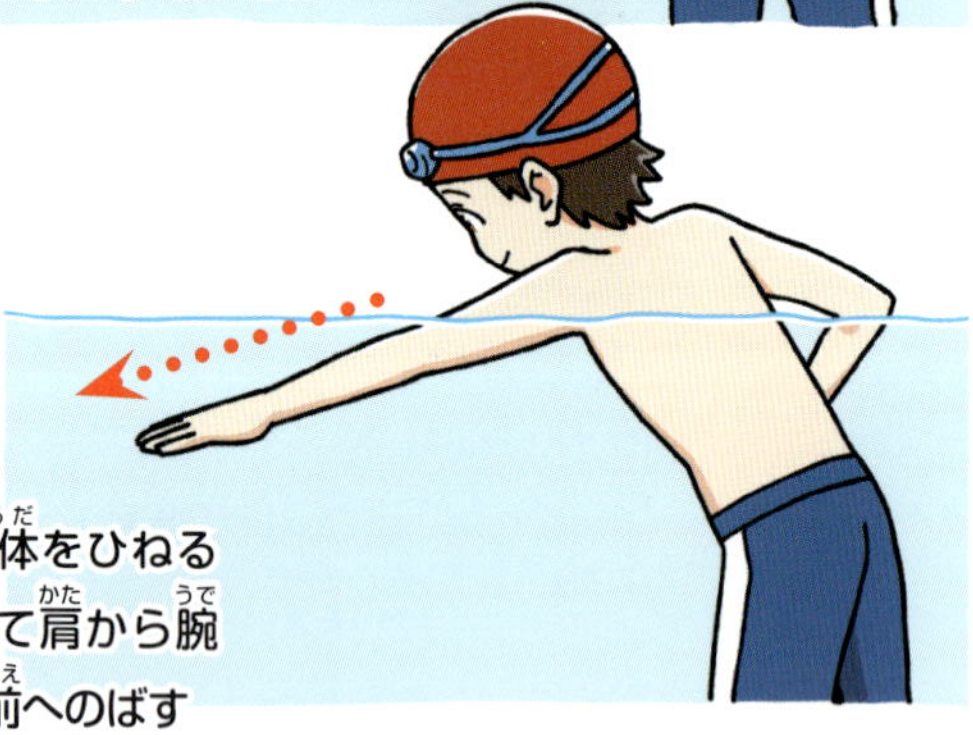
水中《すいちゅう》で身体《からだ》をひねるようにして肩《かた》から腕《うで》をグッと前《まえ》へのばす

水面《すいめん》をたたくようにするのはダメ

**おうちのかたへ**

できるだけ前方へ手を入れるように指導されることがありますが、手を入れた後、水中で十分にのびがとれる程度の位置が理想です。

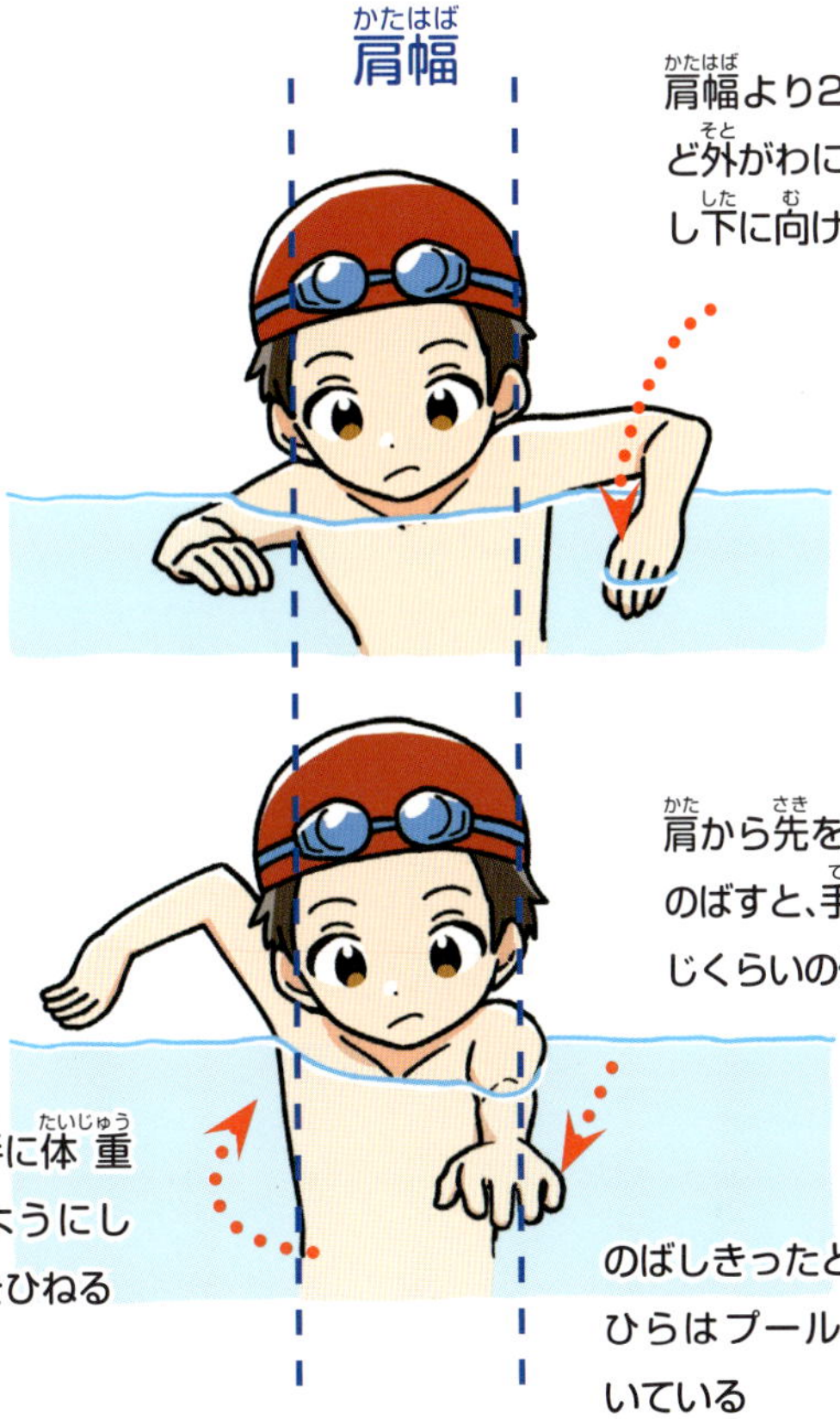


肩幅《かたはば》より20センチほど外《そと》がわに、親指《おやゆび》を少《すこ》し下《した》に向《む》けて入《い》れる

肩《かた》から先《さき》をグッと前《まえ》にのばすと、手《て》は肩幅《かたはば》と同《おな》じくらいの位置《いち》にくる

のばした手《て》に体重《たいじゅう》をのせるようにして上半身《じょうはんしん》をひねる

のばしきったとき、手《て》のひらはプールの底《そこ》を向《む》いている

× 手《て》を肩幅《かたはば》より内がわに入《い》れると、まっすぐ進《すす》まない……

**おうちのかたへ**　ビート板を持った状態で腕のフォーム練習をすると、前方への体重移動ができず、腕だけの泳ぎとなってしまうことがあるため、ここではおすすめしません。

## ステップ10 顔《かお》を水《みず》につけながらの腕《うで》のフォーム練習《れんしゅう》

次《つぎ》に顔《かお》を水《みず》につけながらフォーム練習《れんしゅう》をするよ。口《くち》から大《おお》きく息《いき》を吸《す》って、おでこの半分《はんぶん》くらいまで水中《すいちゅう》に入《い》れよう。視線《しせん》は3～5メートル先《さき》のプールの底《そこ》を見《み》るよ。息《いき》を鼻《はな》から少《すこ》しずつはきながら、両腕《りょううで》の動《うご》きを練習《れんしゅう》してみよう。

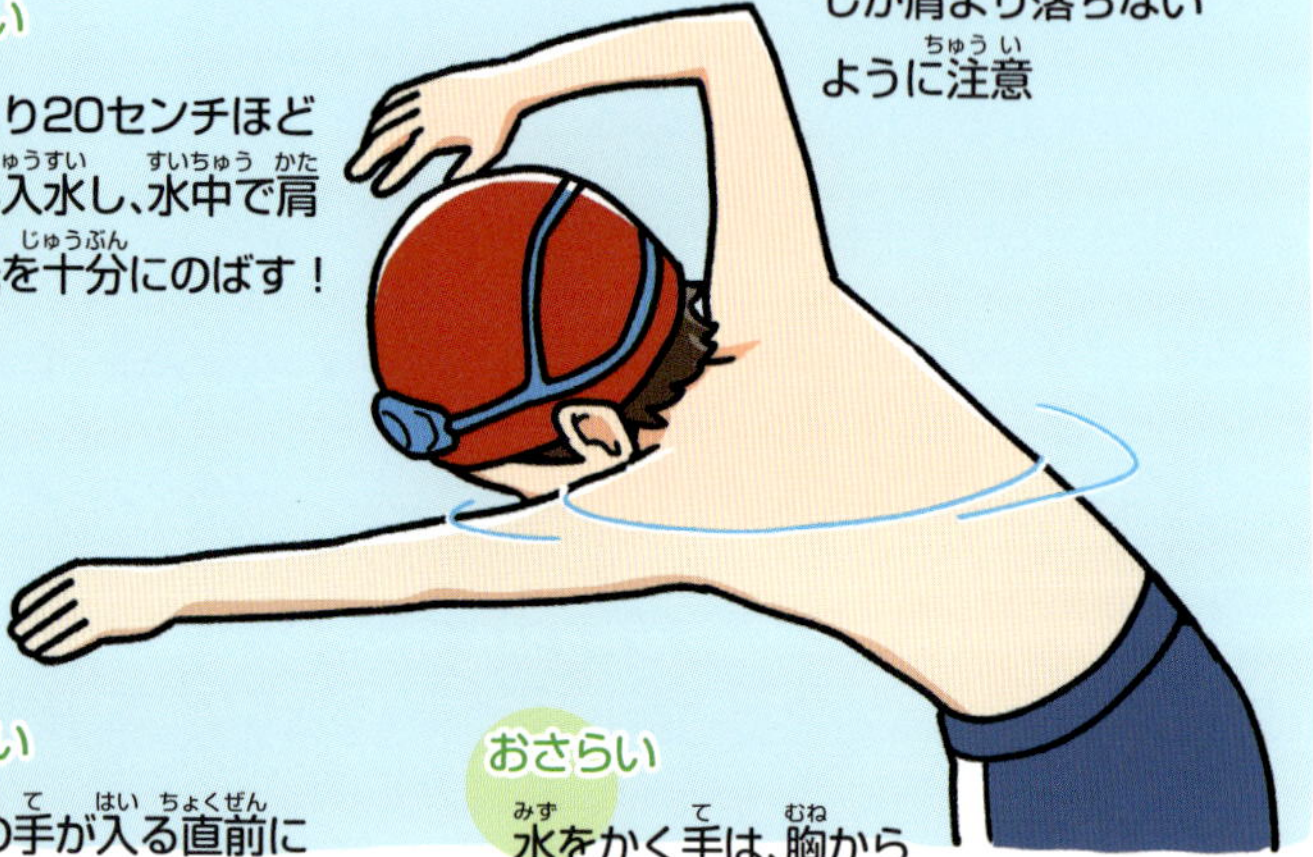

おさらい

リカバリーでは、ひじが肩《かた》より落《お》ちないように注意《ちゅうい》

おさらい

肩幅《かたはば》より20センチほど外側《そとがわ》へ入水《にゅうすい》し、水中《すいちゅう》で肩《かた》から先《さき》を十分《じゅうぶん》にのばす！

おさらい

片方《かたほう》の手《て》が入《はい》る直前《ちょくぜん》にもう片方《かたほう》の手《て》で水《みず》をかきはじめる

おさらい

水《みず》をかく手《て》は、胸《むね》からおなかをとおって太《ふと》ももの外《そと》へ！

顔《かお》を水《みず》につけると、より実際《じっさい》のクロールに近《ちか》い感覚《かんかく》で練習《れんしゅう》ができるよ。ここで両腕《りょううで》の動《うご》きをしっかりとマスターしよう！

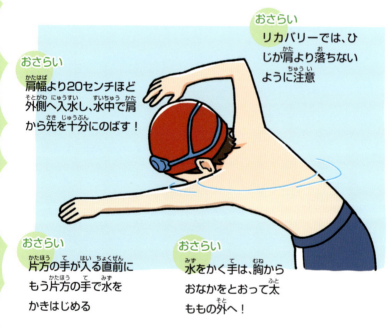

# ステップ11 呼吸《こきゅう》なしで クロールを泳《およ》ぐ

それでは、いよいよ呼吸《こきゅう》なしでクロールにチャレンジだ！
「かべ蹴《け》り＆のび」「キック」「腕《うで》の動《うご》き」の３つの動作《どうさ》で
息《いき》がつづくまで進《すす》んでみよう！

**かべ蹴《け》り＆のび**

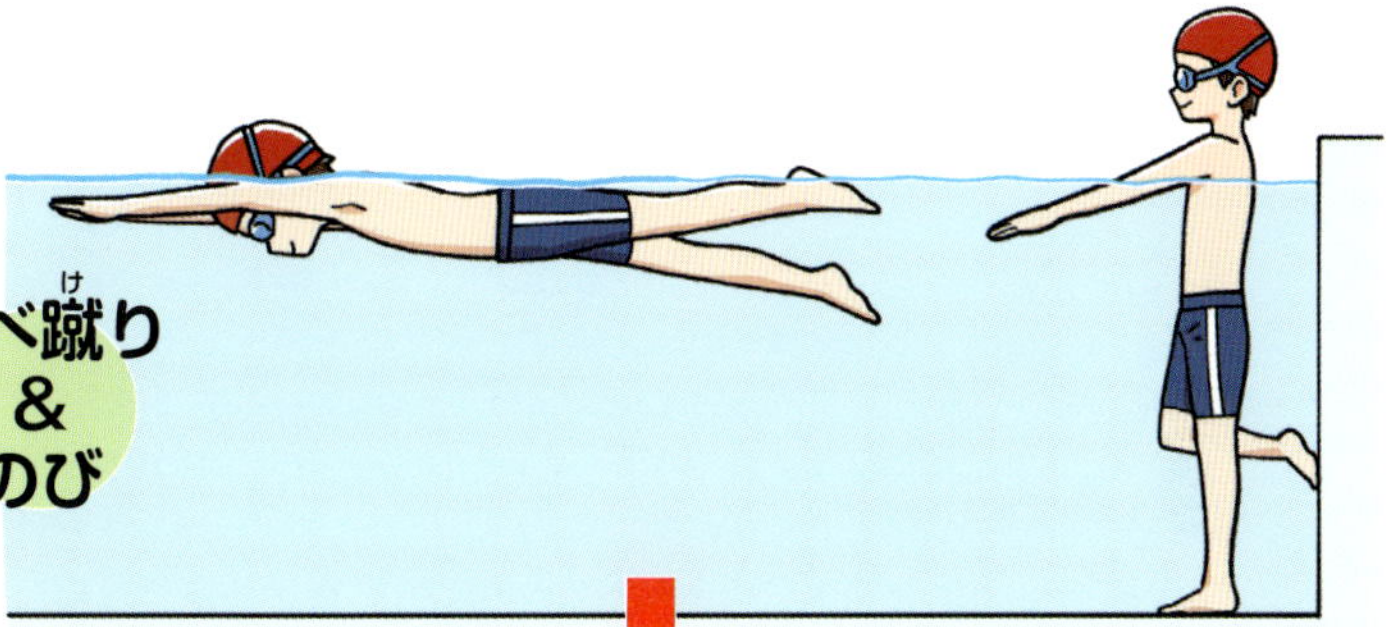

**キック**

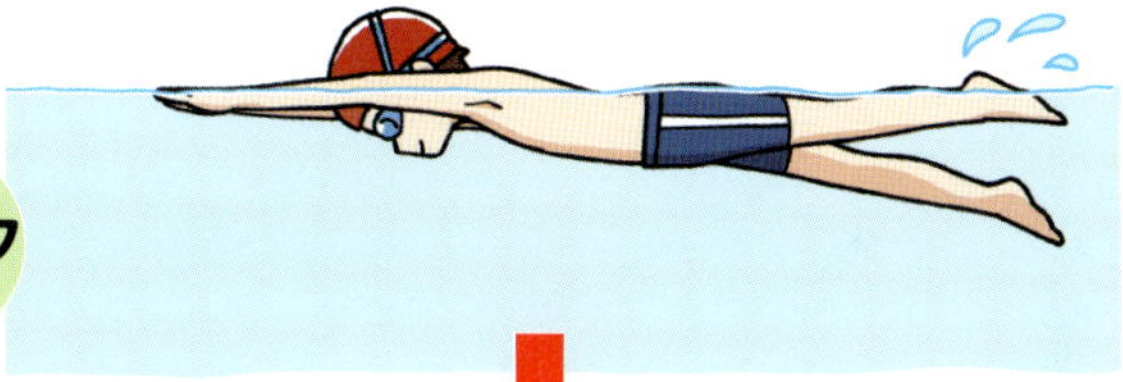

**腕《うで》の動《うご》き**

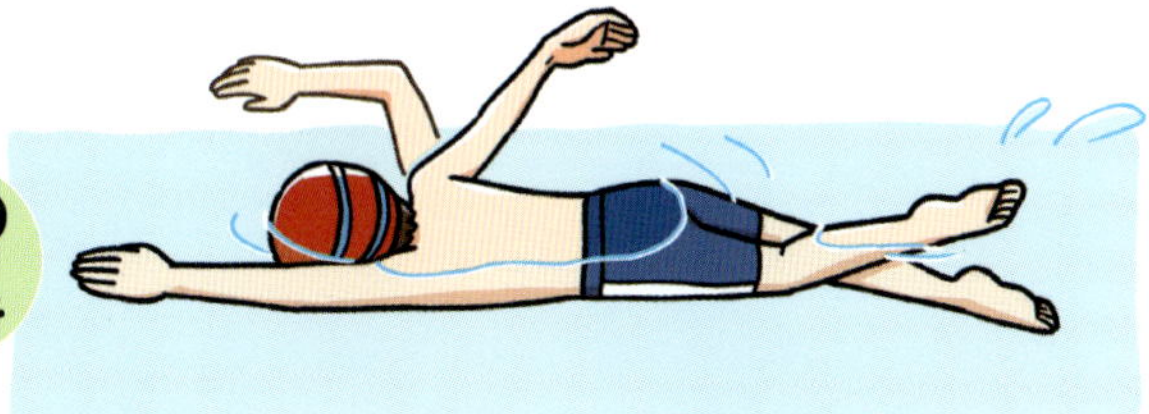

次《つぎ》のページからくわしく解説《かいせつ》するよ！

# かべ蹴《け》り＆のび

スタートは、かべを蹴《け》って水面《すいめん》を進《すす》むやりかたでも、水中《すいちゅう》を進《すす》みながら浮《う》いてくるやりかたでも、どちらでもいいよ。

## 水中《すいちゅう》からスタート

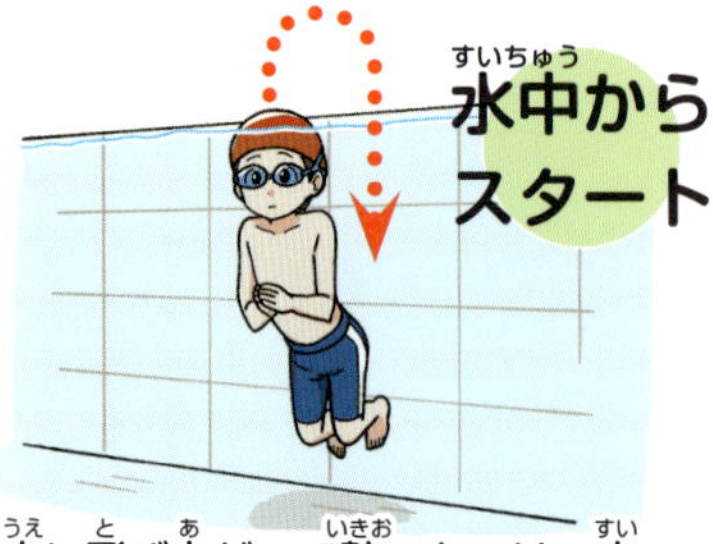

上《うえ》に飛《と》び上《あ》がって勢《いきお》いをつけ、水《すい》中《ちゅう》にしずみながら両足《りょうあし》でかべを蹴《け》る。両手《りょうて》はおがむような形《かたち》

かべを蹴《け》ると同時《どうじ》に腕《うで》を前《まえ》へのばし、まっすぐ水中《すいちゅう》を進《すす》む

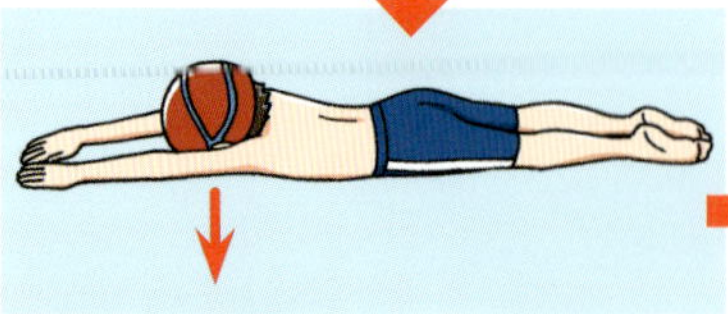

身体《からだ》を一直線《いっちょくせん》にのばす。水中《すいちゅう》での視《し》線《せん》は真下《ました》。視線《しせん》を上《あ》げ、手首《てくび》を上《うえ》に向《む》けると水面《すいめん》に向《む》かうことができる

## 水面《すいめん》からスタート

腕《うで》をのばしておき、片足《かたあし》をプールのかべにセットしておく

両足《りょうあし》でかべを蹴《け》ってスタート

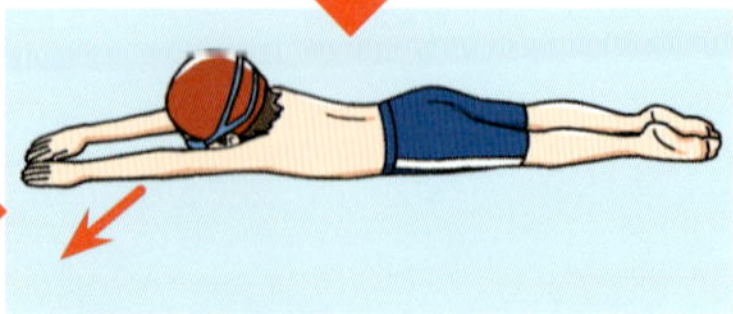

身体《からだ》を一直線《いっちょくせん》にのばし、3～5メートル先《さき》のプールの底《そこ》を見《み》ながら水面《すいめん》をまっすぐ進《すす》む

# キックと腕《うで》の動《うご》き

かべを蹴《け》って身体《からだ》をのばした後《あと》、スピードが落《お》ちてきたらキックをしはじめるよ。水中《すいちゅう》からスタートした場合《ばあい》は、水《すい》中《ちゅう》でキックをしはじめてもいいよ。

しっかりキックができて、身体《からだ》が水面上《すいめんじょう》を進《すす》んでいると感《かん》じたら、腕《うで》の動《うご》きを加《くわ》えていこう。

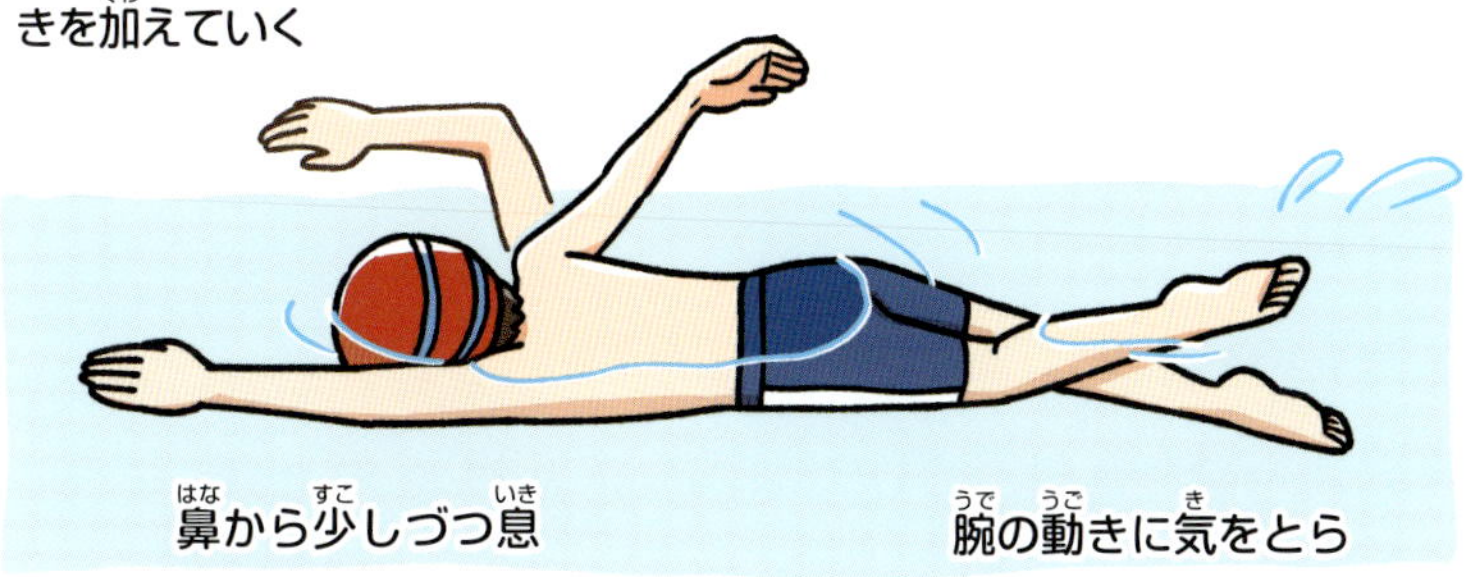
キックでしっかり前《まえ》に進《すす》んでいるのを確認《かくにん》してから腕《うで》の動《うご》きを加《くわ》えていく
鼻《はな》から少《すこ》しづつ息《いき》をはきつづける
腕《うで》の動《うご》きに気《き》をとられて、キックをやめないように注意《ちゅうい》

キックが正《ただ》しくできていないと下半身《かはんしん》がしずんでしまうよ。下半身《かはんしん》がしずんだままで腕《うで》の動《うご》きを加《くわ》えてもうまくいかないので、あせらずに、かべ蹴《け》りからののび、キック、腕《うで》の動《うご》き、という順番《じゅんばん》で練習《れんしゅう》をくり返《かえ》そう！

**おうちのかたへ**

下半身がしずんでしまう場合は、３日目の練習に入る前にしっかりキックの練習を繰り返してください。無理に次のステップに進むと、かえって習得が遅くなります。

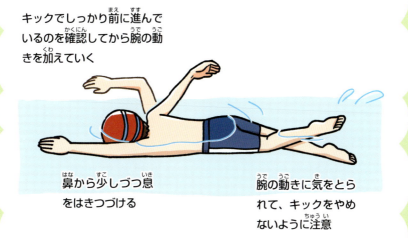

# 2日目《かめ》のふり返《かえ》り

2日目《かめ》の練習《れんしゅう》はどうだったかな？ 今日《きょう》の練習《れんしゅう》をふり返《かえ》って、大《だい》事《じ》なポイントをしっかりマスターできたかチェックしてみよう。

◎カンペキ！　○できる　△少《すこ》し不安《ふあん》　×できなかった

| ふり返《かえ》りポイント | チェック |
|---|---|
| 腕《うで》のフォーム練習《れんしゅう》をするときの立《た》ちかたを覚《おぼ》えた | |
| 胸《むね》からおなかの間《あいだ》を、ひじの位置《いち》を変《か》えずにワイパーのように動《うご》かすことができる | |
| 太《ふと》ももの外《そと》がわにしっかり水《みず》を押《お》し出《だ》せる | |
| リカバリーのとき、ひじの位置《いち》が肩《かた》より上《うえ》に保《たも》たれている | |
| 肩幅《かたはば》より20センチ外《そと》がわに手《て》を入《い》れることができる | |
| 水中《すいちゅう》に手《て》が入《はい》ったとき、身体《からだ》をひねりながら肩《かた》から先《さき》をしっかりのばすことができる | |
| 水面《すいめん》からかべ蹴《け》りスタートができる | |
| 水中《すいちゅう》からかべ蹴《け》りスタートができる | |
| 息《いき》つぎなしのクロールでキックと腕《うで》の動《うご》きを迷《まよ》わずにできる | |

△や×をつけた項目《こうもく》は、次《つぎ》の練習《れんしゅう》のときにとくに時間《じかん》をかけておさらいしよう。

練習編《れんしゅうへん》

# 3日目

## 息《いき》つぎでクロール完成《かんせい》！

# 3日目《かめ》の練習《れんしゅう》ガイド

## 3日目《かめ》は息《いき》つぎをマスターしてクロールの完成《かんせい》！

2日目《かめ》までのステップをすべてクリアしてきたキミなら、もう25メートルプールの半分《はんぶん》くらい泳《およ》げる力《ちから》がついているよ。

今日《きょう》はこれまでの**すべてのステップを復習《ふくしゅう》したあと、息《いき》つぎのしかたを覚《おぼ》えるよ。**息《いき》つぎをマスターすれば、ついに**クロールの完全《かんぜん》マスターだ！**

これまで覚《おぼ》えてきた「スタート」「キック」「腕《うで》の動《うご》き」に「息《いき》つぎ」が加《くわ》われば、きっと25メートル泳《およ》ぎきることができるよ！

いよいよ今日《きょう》でクロールを完全《かんぜん》にマスターできるよ！25メートルを泳《およ》ぎきるまでもう少《すこ》し！

## おうちのかたへ

3日目は、初心者にとって大きな難関といわれる息つぎを習得します。息つぎが楽にできるようになると、一気に長い距離を泳げるようになります。順を追って練習すれば、決して難しい動作ではありませんので、あまり先入観を持たずに練習に臨ませるようにしましょう。

なお、キック不足で下半身がしずんだ状態での息つぎ練習は、習得がしづらいばかりでなく、身体によくありません。2日目までの復習をおこなう際、お子さまのキックの習得度をしっかり確認しておくと良いでしょう。もし苦手のようであれば、重点的に復習してから、今日のステップに進んでください。

最初《さいしょ》にくらべて、だいぶ自信《じしん》がついてきたね！ あとは息《いき》つぎをマスターするだけだ！

3日《か》目《め》の新《あたら》しいステップに進《すす》む前《まえ》に、2日《か》目《め》までに学《まな》んだステップ1～11をもう一度《いちど》くり返《かえ》そう。苦手《にがて》なところは時間《じかん》をかけてもいいよ！

## ステップ 1 準備体操《じゅんびたいそう》とゴーグルのつけかた

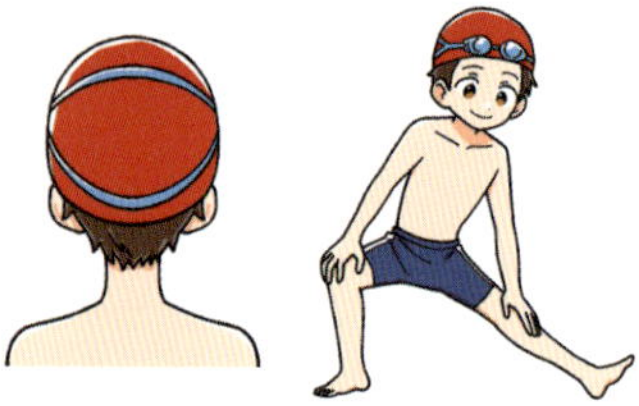

## ステップ 2 プールサイドに座《すわ》ってキック練習《れんしゅう》

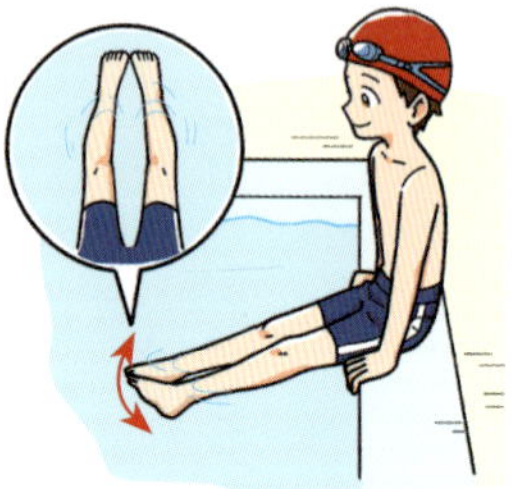

## ステップ 3 プールへの安全《あんぜん》な入《はい》りかた

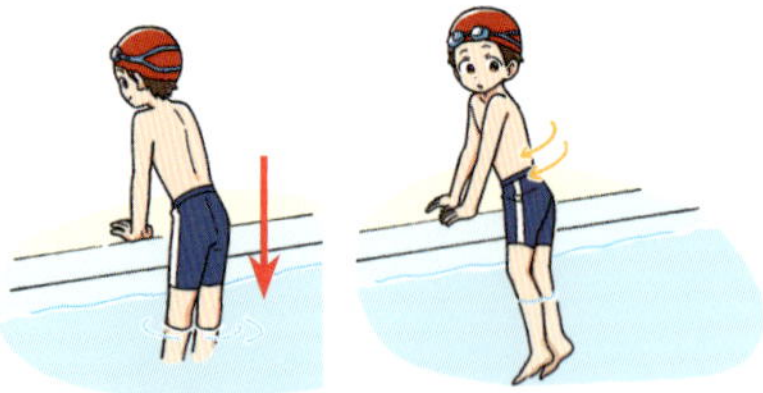

## ステップ 4 プールからの安全《あんぜん》な上《あ》がりかた

ステップ 5
## 水《みず》の中《なか》で息《いき》をはく練習《れんしゅう》

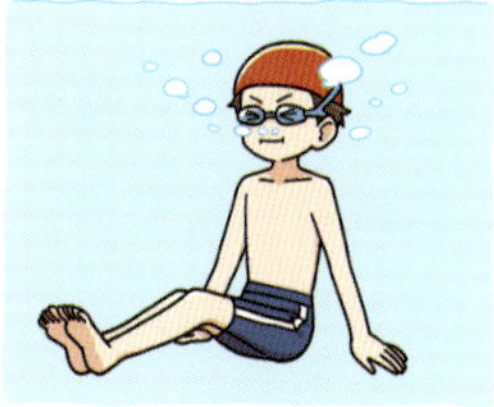

ステップ 6
## ビート板《ばん》を使《つか》った キック練習《れんしゅう》

ステップ 7
## かべ蹴《け》りスタートからの ビート板《ばん》キック練習《れんしゅう》

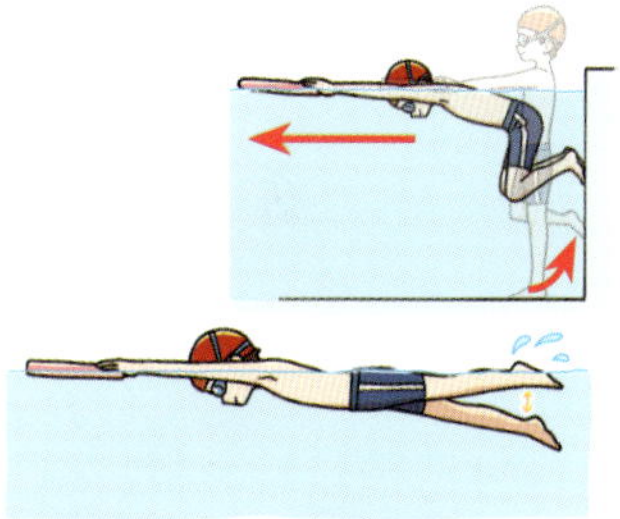

ステップ 8
## ビート板《ばん》なしの キック練習《れんしゅう》

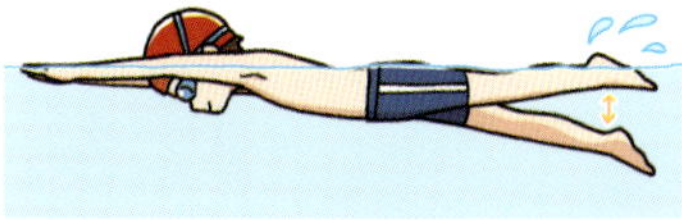

ステップ 9
## 立《た》ったまま 腕《うで》のフォーム練習《れんしゅう》

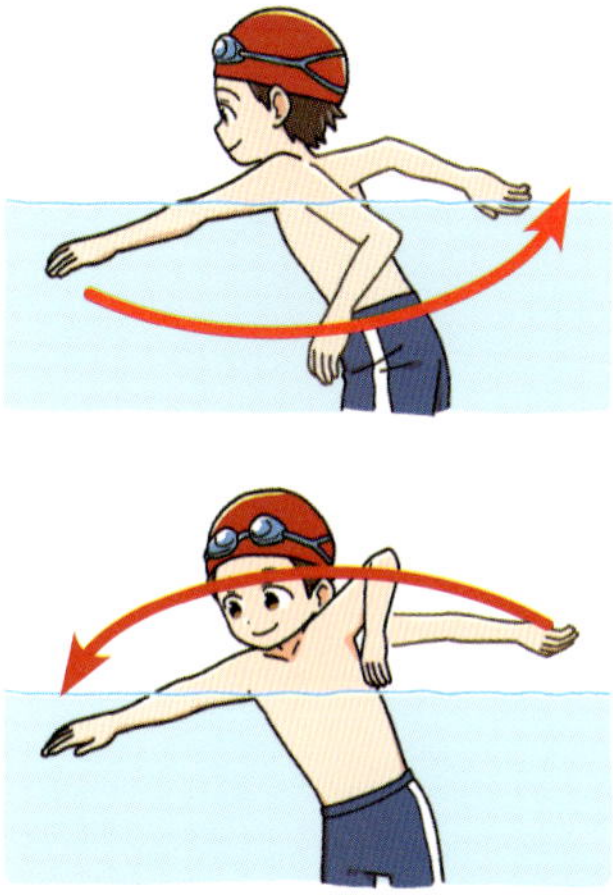

ステップ 10
## 顔《かお》を水《みず》につけながらの 腕のフォーム練習《れんしゅう》

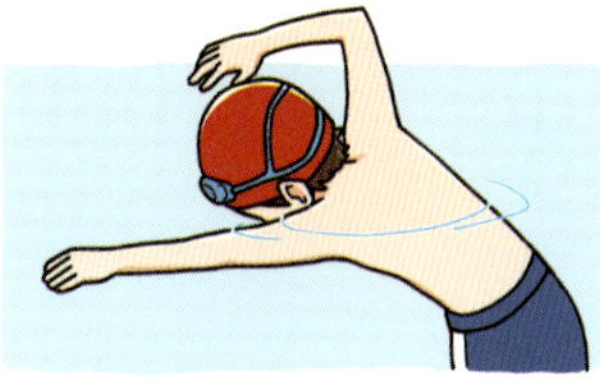

ステップ 11
## 呼吸《こきゅう》なしで クロールを泳《およ》ぐ

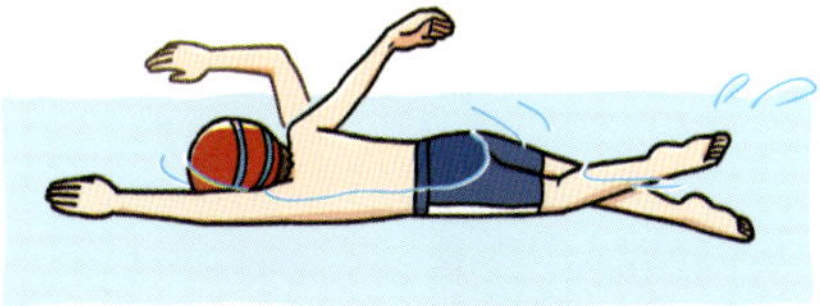

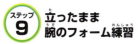

# ステップ12 立《た》ったままで息《いき》つぎの練習《れんしゅう》

息《いき》つぎはフォームとタイミングが大事《だいじ》。しっかりと身体《からだ》で覚《おぼ》えよう！　まずは呼吸《こきゅう》のしかたと首《くび》から上《うえ》の動《うご》かしかたの練習《れんしゅう》をして、その後《あと》に腕《うで》の動《うご》きと合《あ》わせて息《いき》つぎのタイミングをマスターするよ。

## 呼吸《こきゅう》の練習《れんしゅう》

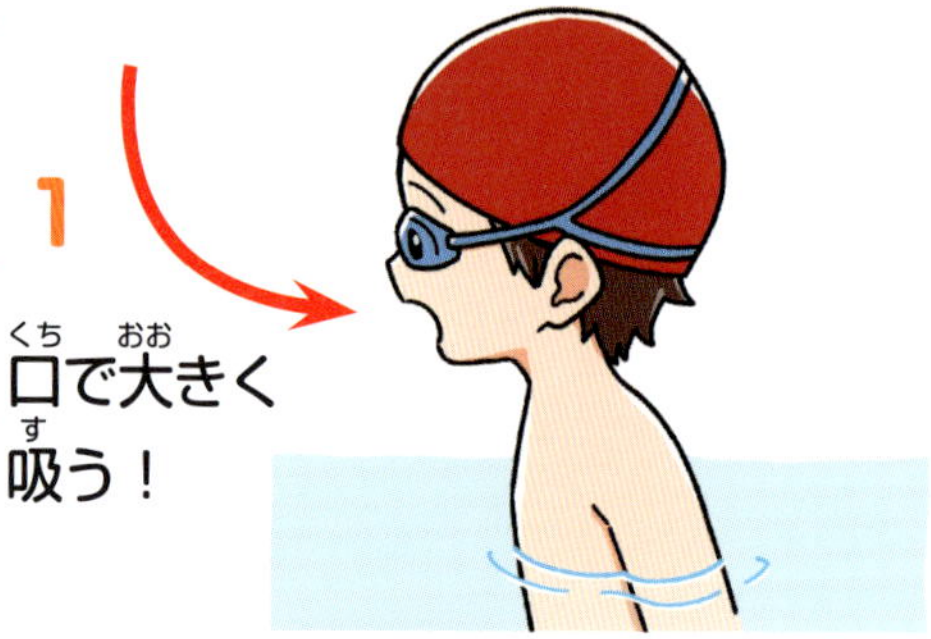


**1**

肩幅《かたはば》より広《ひろ》めに足《あし》を広《ひろ》げてプールに立《た》ち、両腕《りょううで》は軽《かる》く身体《からだ》につける。
大《おお》きく口《くち》から息《いき》を吸《す》う。

**2**

おじぎをするように水面《すいめん》に顔《かお》をつけ、「1」で吸《す》った息《いき》を、「2、3、4、5」で、全部《ぜんぶ》鼻《はな》からはききる。

1　2 の動作《どうさ》を何度《なんど》かくり返《かえ》してみよう！

## 首《くび》の動《うご》きをつけながら呼吸《こきゅう》の練習《れんしゅう》

**3** 1 2 のあとに、頭《あたま》のてっぺんを水《みず》につけたまま、口《くち》が水面《すいめん》の上《うえ》に出《で》るまで顔《かお》を横《よこ》に向《む》けて、すばやく息《いき》を吸《す》う。残《のこ》っている空気《くうき》を「フッ」とはき出《だ》すと空気《くうき》を吸《す》いやすい。

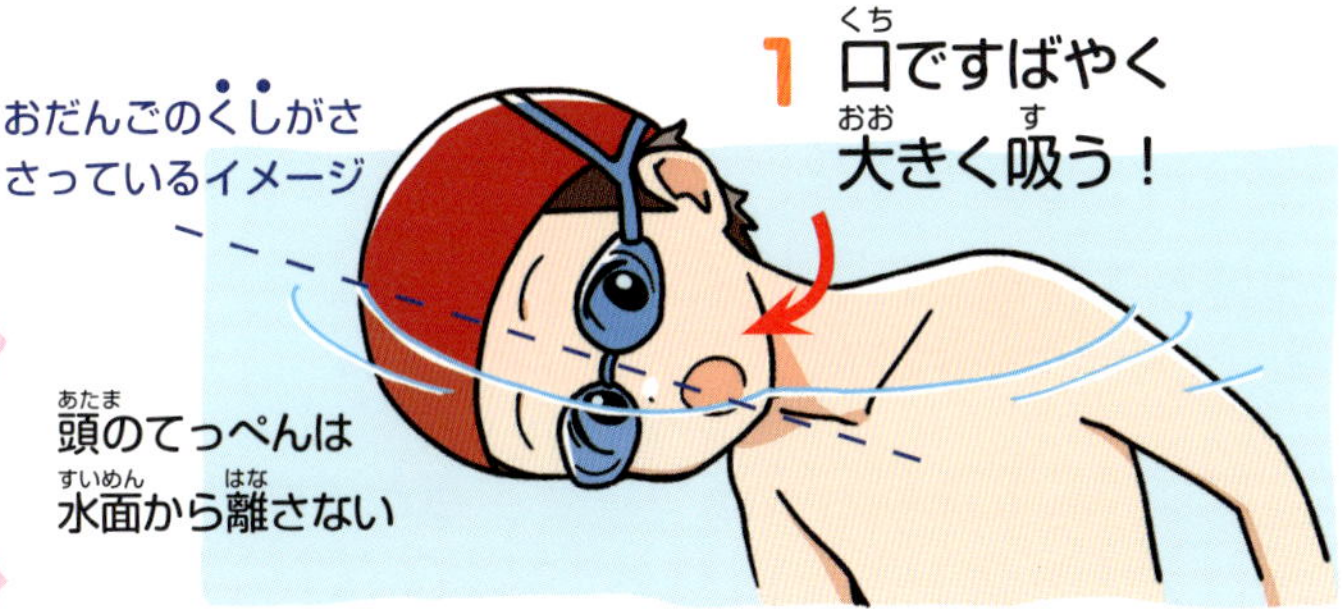

おだんごのくしがさ
さっているイメージ
1 口《くち》ですばやく
大《おお》きく吸《す》う！
頭《あたま》のてっぺんは
水面《すいめん》から離《はな》さない


**4** 顔《かお》を水中《すいちゅう》にもどして「2、3、4、5」で、鼻《はな》から全部《ぜんぶ》はききる。慣《な》れてきたら10〜20秒《びょう》かけてゆっくりと息《いき》をはききる練習《れんしゅう》も加《くわ》える。

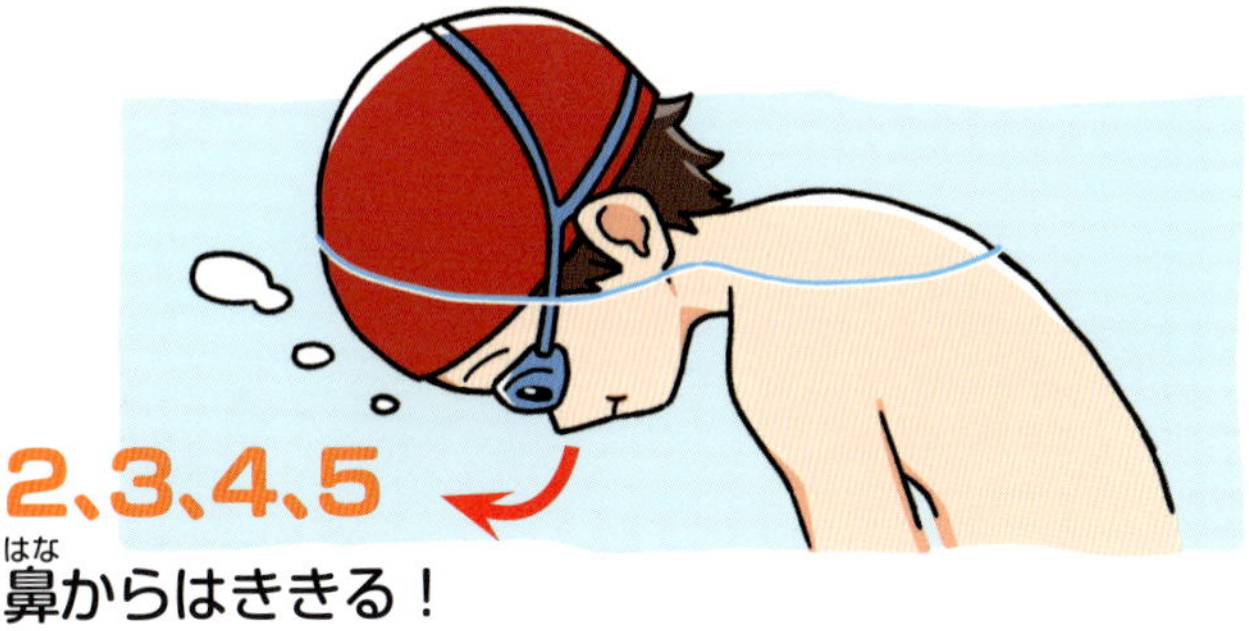

2、3、4、5
鼻《はな》からはききる！


**3 4 の動作《どうさ》を10回《かい》くり返《かえ》して感覚《かんかく》をつかもう！**

**おうちのかたへ**
息つぎのとき、口に水が入りそうなら、首から上の回転を大きくしてもかまいません。大切なのは、「頭のてっぺんをずっと水から離さないこと」「息を吸うとき頭が真横に回転すること」です。

## 腕《うで》の動《うご》きと合《あ》わせてみよう！

立《た》ちかたや腕《うで》の動《うご》きは、ステップ９の「立《た》ったまま腕《うで》のフォーム練習《れんしゅう》」と同《おな》じだよ。

顔《かお》を水《みず》につけたら、鼻《はな》で息《いき》をはきながら、腕《うで》の動《うご》きをつけよう。

息《いき》をはききったら、顔《かお》を横《よこ》に向《む》けて息《いき》つぎをしてみよう。

ここでいちばん大事《だいじ》なポイントは、**顔《かお》を向《む》けるほうと反対《はんたい》がわの腕《うで》にタイミングを合《あ》わせて息《いき》つぎをする**ことだよ。

たとえば、左《ひだり》がわに顔《かお》を向《む》けて息《いき》つぎをするときは、右腕《みぎうで》を意識《いしき》して、右手《みぎて》が水《みず》に入《はい》る瞬間《しゅんかん》に、右耳《みぎみみ》の上《うえ》が右腕《みぎうで》に引《ひ》っぱられるように真横《まよこ》を向《む》いて息《いき》つぎをするんだ。

左《ひだり》の図《ず》を見《み》ながらイメージをつかんでね。

### 息《いき》つぎの３つのポイント

★頭《あたま》のてっぺんから首《くび》にかけて、くしが通《とお》っているイメージで、頭《あたま》を横《よこ》に回転《かいてん》させる(顔《かお》を縦《たて》に持《も》ち上《あ》げない)
★息《いき》つぎをするほうと反対《はんたい》の腕《うで》に意識《いしき》を集中《しゅうちゅう》し、その腕《うで》の動《うご》きに引《ひ》っぱられるように頭《あたま》を回転《かいてん》させる
★息《いき》つぎする前《まえ》に、水中《すいちゅう》で息《いき》をはききる

**おうちのかたへ**

泳ぎに慣れてくると、左右両方で息つぎすることができるようになりますが、最初は息つぎの方向をどちらかに決めて練習しましょう。この本では、利き腕と反対側に顔を向けて息つぎをする方法をおすすめします。

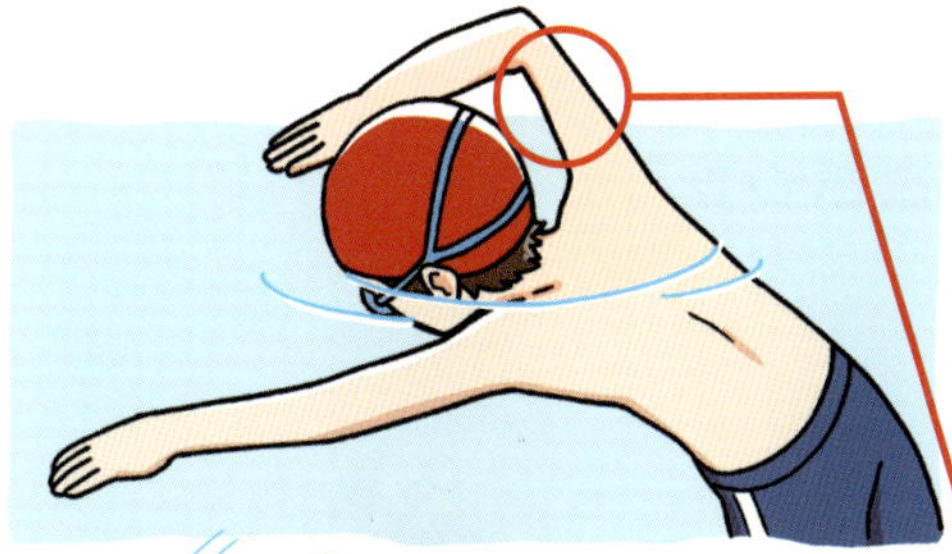

息《いき》つぎするほうと反対《はんたい》の腕《うで》にタイミングを合《あ》わせて、水《みず》に入《はい》っていく腕《うで》に引《ひ》っぱられるように頭《あたま》を横《よこ》に回転《かいてん》させる

ココに耳《みみ》の上《うえ》が引《ひ》っぱられるイメージ

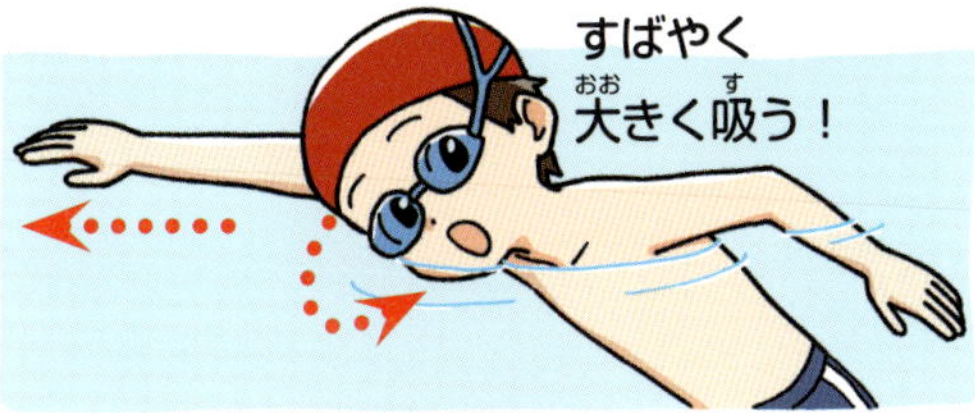


残《のこ》っている空気《くうき》を「フッ」とはき出《だ》して、すばやく息《いき》を吸《す》う

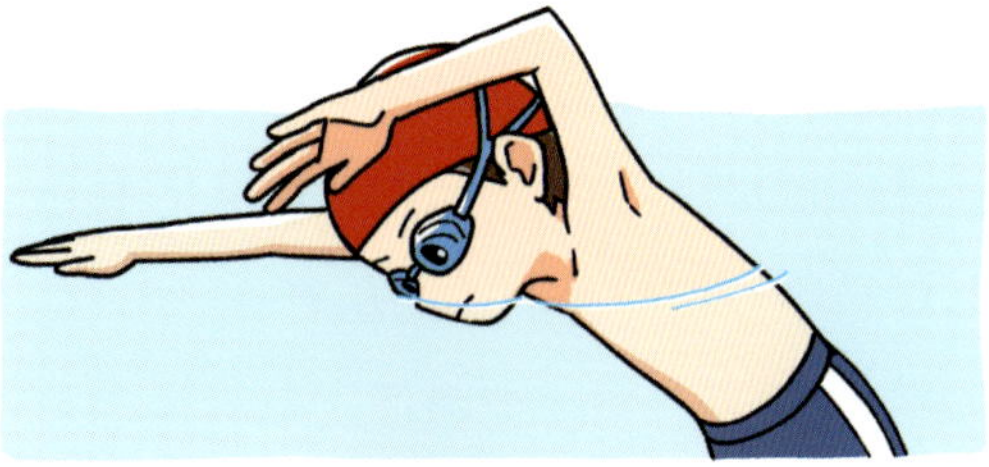

息《いき》つぎをしたほうの腕《うで》のリカバリーと一緒《いっしょ》に顔《かお》をもどしはじめる

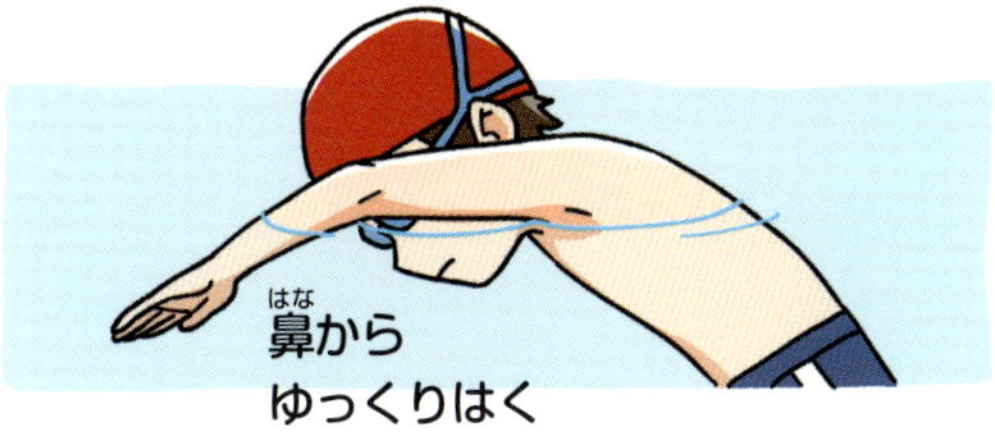


手《て》が水《みず》に入《はい》るよりも先《さき》に顔《かお》が水中《すいちゅう》にもどっている

**おうちのかたへ**

息つぎするほうと反対の腕でタイミングをとることは、初心者に効率的に息つぎを習得させるにはとてもよい方法です。その理由は「より早く息つぎの動作を開始できること」と「タイミングのとりやすさ」の２つです。

## おとなにサポートしてもらう方法《ほうほう》

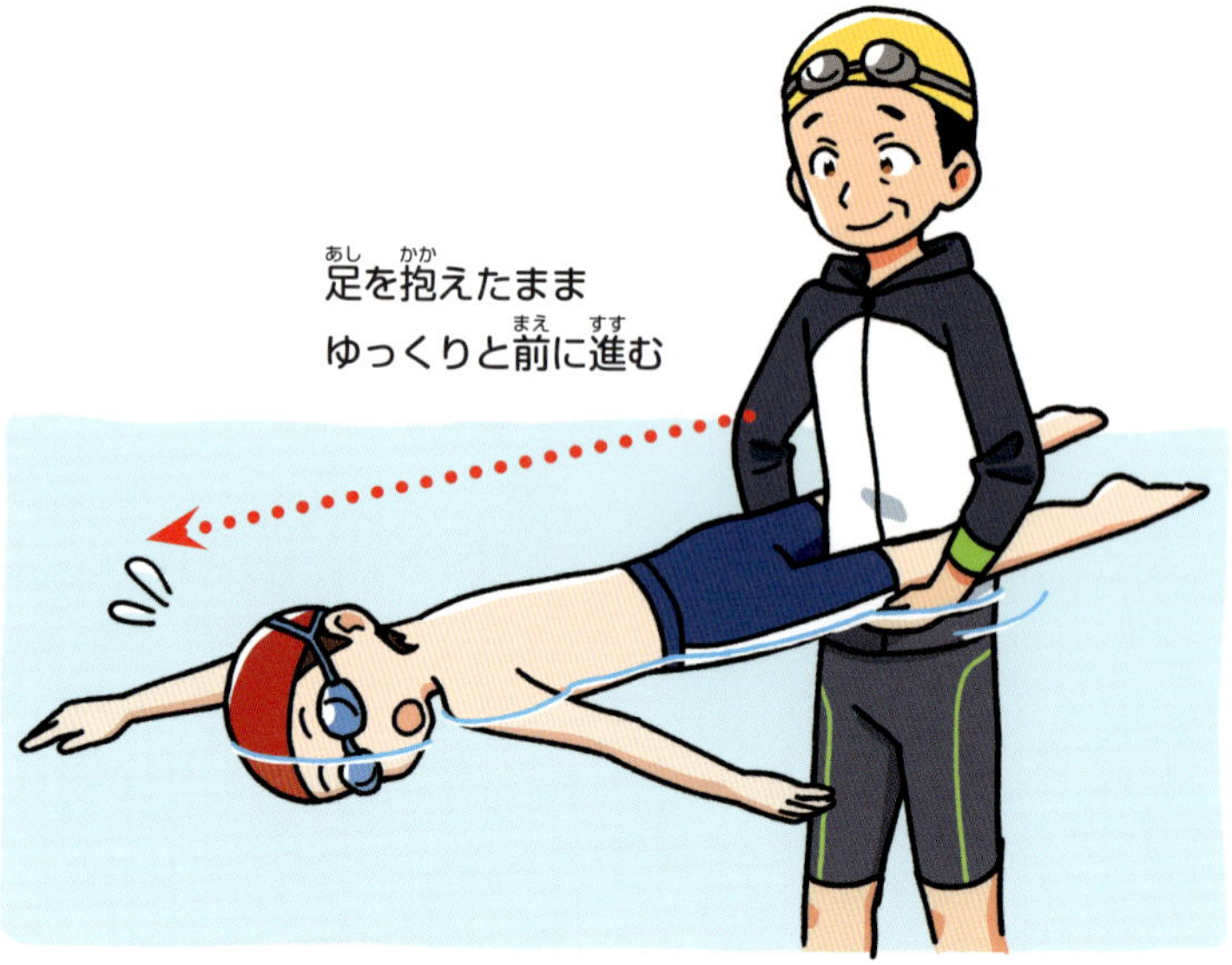


息《いき》つぎ練習《れんしゅう》の最後《さいご》は、おとなの人《ひと》に少《すこ》し手伝《てつだ》ってもらおう。おとなの人《ひと》に両足《りょうあし》の太《ふと》もものあたりをしっかり抱《かか》えてもらい、水面《すいめん》に持《も》ち上《あ》げながらゆっくりと前《まえ》に進《すす》んでもらおう。
下半身《かはんしん》がしずむことがないので、キックのことを考《かんが》えなくてよく、息《いき》つぎの練習《れんしゅう》に集中《しゅうちゅう》できるよ。
実際《じっさい》のクロールに近《ちか》い姿勢《しせい》で息《いき》つぎの練習《れんしゅう》ができるので、次《つぎ》の最終《さいしゅう》ステップがとってもラクになるはずだ！

**おうちのかたへ**　足を持ち上げる際は、お子さまの動作・バランスをみながらゆっくりとおこなってください。

# ステップ13 息《いき》つぎしながらクロールで泳《およ》ぐ

いよいよ最後《さいご》のステップだよ！

これまでのステップで25メートル泳《およ》ぐために必要《ひつよう》な練習《れんしゅう》はすべて終《お》わっているんだ。あとはゴールをめざして泳《およ》ぎきるだけ！

息《いき》つぎなしのクロールで25メートルプールの半分《はんぶん》くらいまで泳《およ》いでいるとすれば、そんなに難《むずか》しいことではないよ。


かべを蹴《け》ってスタートしたら、キックを始《はじ》めて、両《りょう》腕の動《うご》きでどんどん進《すす》もう（ここまではステップ11でやったね）。そして水中《すいちゅう》で息《いき》をはききったら息《いき》つぎをしてみよう。

**息《いき》つぎは必要《ひつよう》なときだけ**

いまは「～回《かい》水《みず》をかくごとに1回《かい》息《いき》つぎをする」といったことは考《かんが》えなくてもいいよ。

**息《いき》つぎは必要《ひつよう》なときにすればいい**と考《かんが》えよう。

きっと何回《なんかい》か息《いき》つぎに成功《せいこう》すれば、25メートルを泳《およ》ぎきることができるはずだよ。

かべ蹴《け》り スタート
キック
両腕《りょううで》の 動《うご》き
息《いき》つぎ を数回《すうかい》
25メートル 到達《とうたつ》!!

**おうちのかたへ**
頻繁な息つぎは、初心者にはおすすめしません。慣れない息つぎによって泳ぎのフォームが崩れ、いつまでも息つぎが上達しないことがあるからです。たくさんの雑な息つぎより、集中した1回の息つぎのほうがはるかに大切です。

## うまくいかないときに思《おも》い出《だ》して ほしい 10 のポイント！

1. かべ蹴《け》りスタート後《ご》、腕《うで》と身体《からだ》をまっすぐのばそう
2. キックは「こまかく、はやく」をこころがけよう
3. 水中《すいちゅう》では３～５メートル先《さき》のプールの底《そこ》を見《み》よう
4. 指《ゆび》は閉《と》じて、しっかりと水《みず》をとらえながら胸《むね》～おなか～太《ふと》ももの外《そと》がわへと水《みず》を押《お》し出《だ》そう
5. リカバリーのとき、ひじの位置《いち》がかならず肩《かた》よりも上《うえ》にあることを意識《いしき》しよう
6. 手《て》を入《い》れる位置《いち》は、肩幅《かたはば》より 20センチ外《そと》がわだよ
7. 手《て》を入《い》れたら、肩《かた》から先《さき》をグッと前《まえ》に押《お》し出《だ》すようにしっかりのばそう
8. 泳《およ》いでいるときは鼻《はな》から少《すこ》しずつ息《いき》をはきつづけるよ
9. 息《いき》つぎのとき、頭《あたま》のてっぺんは水面《すいめん》から離《はな》さないで、顔《かお》を横《よこ》に向《む》けるよ
10. 息《いき》つぎで顔《かお》を横《よこ》に向《む》けるタイミングは、リカバリーしている腕《うで》と合《あ》わせるとやりやすいよ

25メートル泳《およ》げたキミ！
本当《ほんとう》におめでとう！
キミのがんばる力《ちから》は
他《ほか》のスポーツでも、勉強《べんきょう》でも、
きっと役《やく》に立《た》つはずだよ！

おしくも25メートル泳《およ》ぎきれなかったキミ！
落《お》ち込《こ》むことなんてないよ。
がんばってきたことはムダじゃない！
あと少《すこ》しがんばれば、
きっと目標《もくひょう》はクリアできるはずだ！

# さらに挑戦《ちょうせん》をつづけるキミへ

3日間《かかん》の練習《れんしゅう》おつかれさま！

「こんなに短期間《たんきかん》で泳《およ》げるようになるなんて！」と感動《かんどう》している人《ひと》も多《おお》いんじゃないかな？

さて、せっかく泳《およ》げるようになったので、このまま練習《れんしゅう》をつづけて50メートルを目指《めざ》してみよう。今《いま》のキミなら、そんなに難《むずか》しい挑戦《ちょうせん》ではないよ。

ここでは、プールを往復《おうふく》して泳《およ》ぐためのターンのやりかたを教《おし》えるよ。カッコよくターンをきめて、50メートル泳《およ》いじゃおう！

## タッチターンを覚《おぼ》えよう！

クロールのターンは、かべの手前《てまえ》で水中《すいちゅう》でクルっと前転《ぜんてん》しながらおこなう方法《ほうほう》と、かべに手《て》でタッチしておこなう方法《ほうほう》の2種類《しゅるい》あるんだ。ここでは、マスターしやすい「かべに手《て》でタッチしてターン」する方法《ほうほう》を教《おし》えるよ。

1

プールのかべに右手《みぎて》でタッチしたら、泳《およ》いできたいきおいのまま、ひじを曲《ま》げて身体《からだ》をかべに引《ひ》きよせる。このとき、水面《すいめん》上《じょう》で口《くち》から大《おお》きく息《いき》を吸《す》う。目線《めせん》はまだかべに向《む》いている。

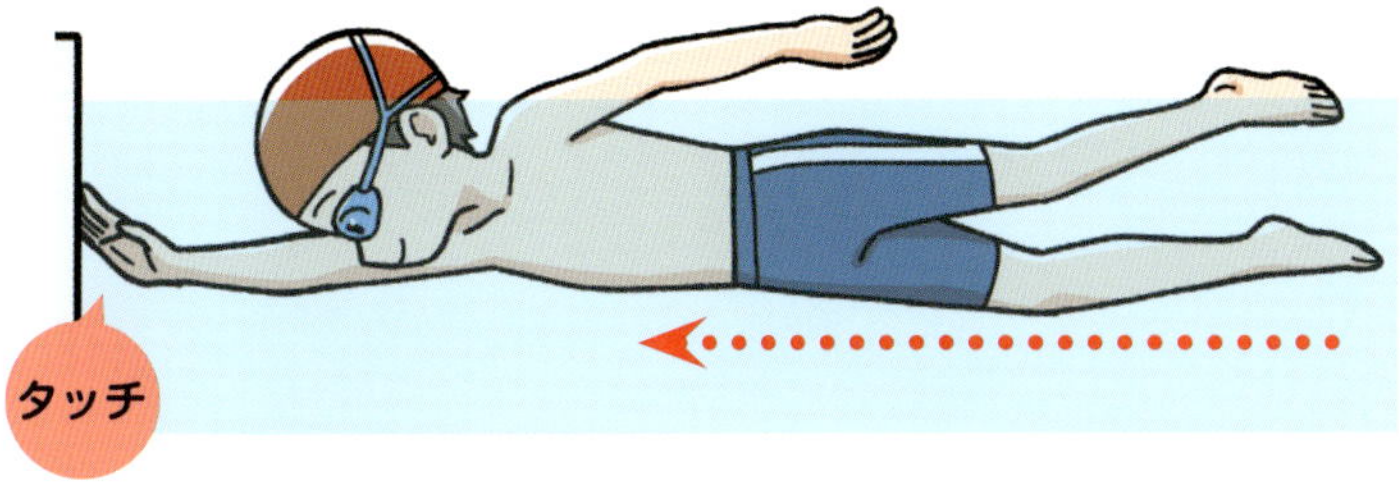


プールサイドの角《かど》がつかめる高《たか》さの場合《ばあい》は、つかんで身体《からだ》を引《ひ》きよせるとやりやすい

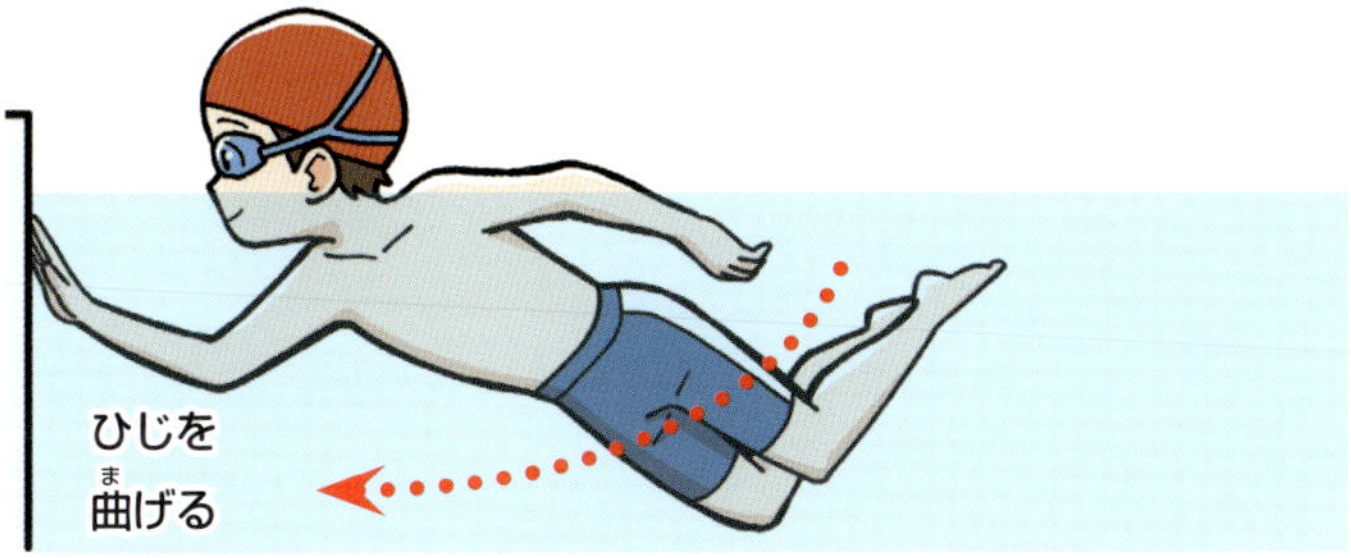


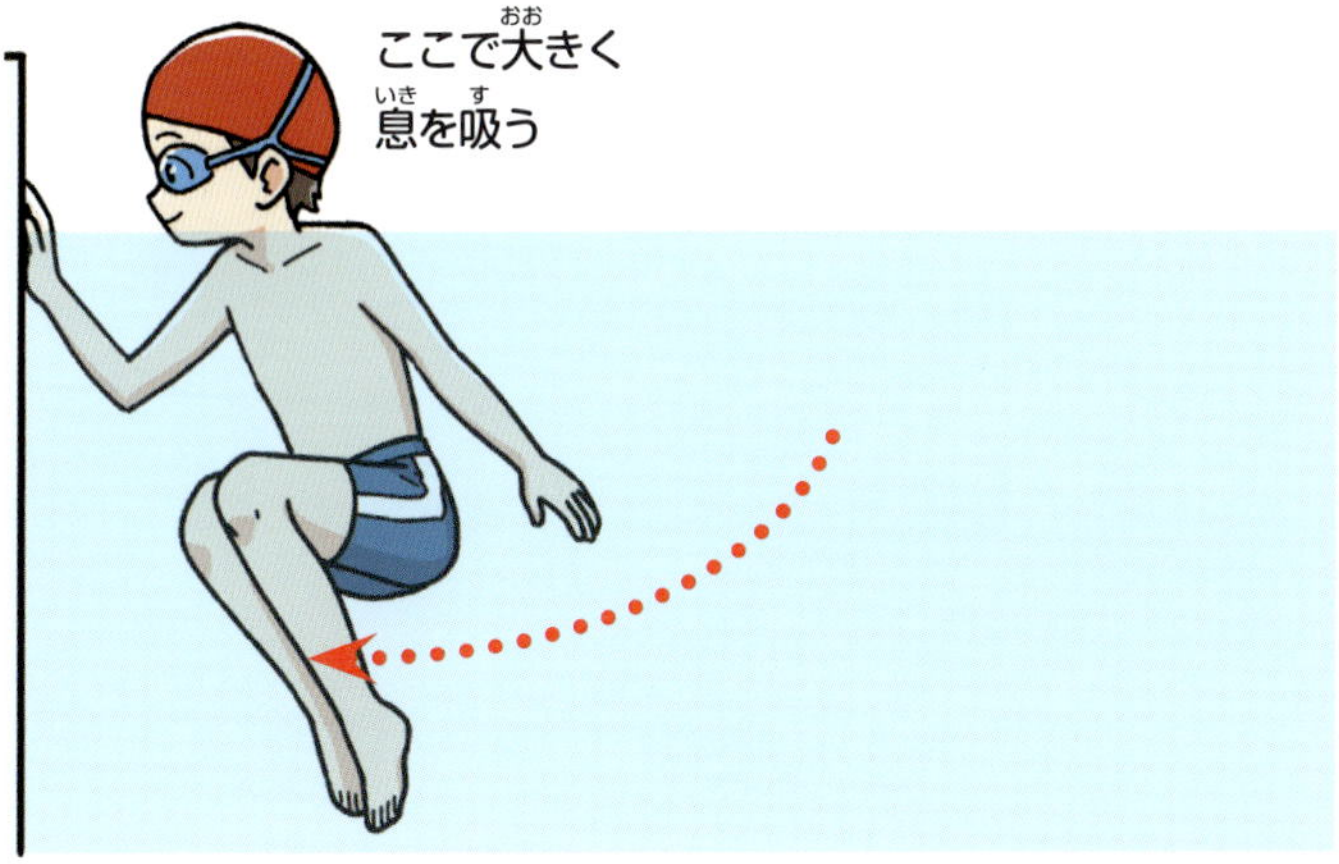

## 2

身体《からだ》を半回転《はんかいてん》させて横向《よこむ》きのまま水中《すいちゅう》にもぐる。水中《すいちゅう》でも横《よこ》向《む》きのまま、できるだけプールのかべから離《はな》れないように意《い》識《しき》する。

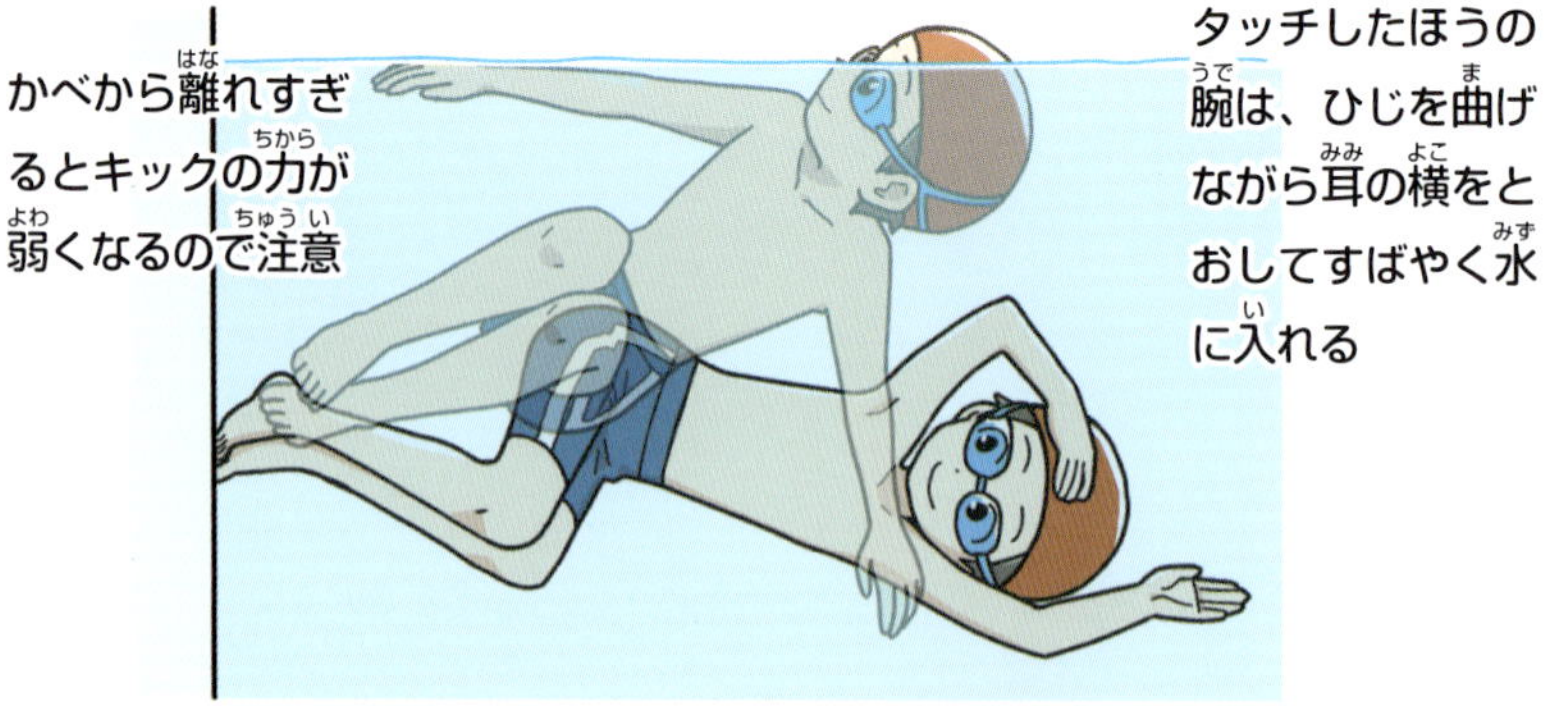
かべから離《はな》れすぎるとキックの力《ちから》が弱《よわ》くなるので注意《ちゅうい》
タッチしたほうの腕《うで》は、ひじを曲《ま》げながら耳《みみ》の横《よこ》をとおしてすばやく水《みず》に入《い》れる

## 3

タッチしたほうの手《て》と水中《すいちゅう》にある手《て》を合《あ》わせて、両腕《りょううで》で耳《みみ》をはさむようにしてまっすぐ伸《の》ばす。同時《どうじ》に、両足《りょうあし》で力強《ちからづよ》くかべを蹴《け》り、身体《からだ》をひねってクロールの姿勢《しせい》にもどる。

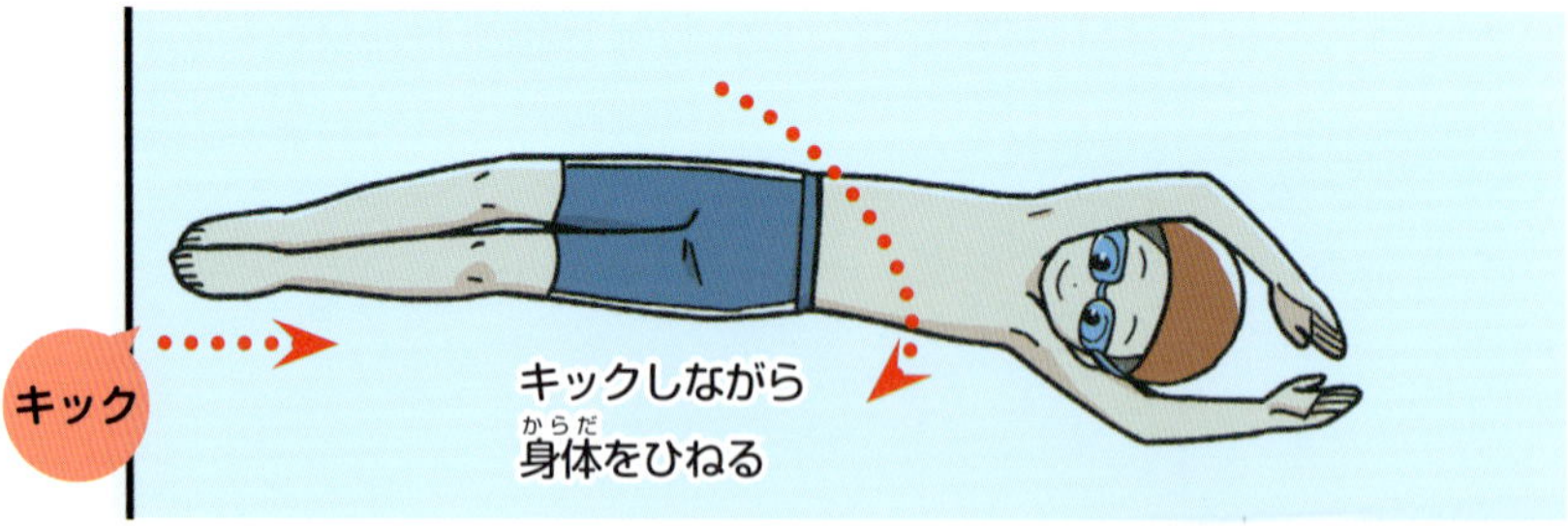
キック
キックしながら身体《からだ》をひねる

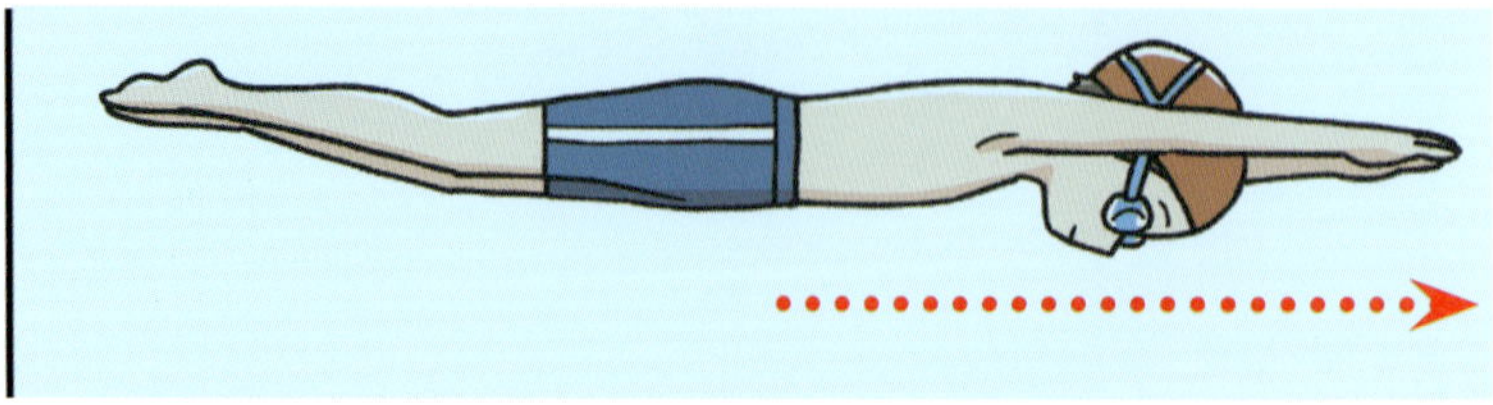

レジャー編《へん》

# 海《うみ》で遊《あそ》ぶときに知《し》っておきたいこと

# 海《うみ》は危険《きけん》がいっぱい！

ここからは、海《うみ》に行《い》って遊《あそ》ぶときに、かならず知《し》っておいてほしいことを伝《つた》えておくね。

海《うみ》はプールよりも何倍《なんばい》もの危険《きけん》がひそんでいるんだ。水《みず》に流《なが》されたりおぼれたりしないために、ここに書《か》かれていることをしっかり守《まも》ってね。一緒《いっしょ》に遊《あそ》びに行《い》くおとなや友《とも》だちにも教《おし》えてあげよう！

## もんた先生《せんせい》からのお願《ねが》い

### 準備体操《じゅんびたいそう》、給水《きゅうすい》、休《きゅう》けい、日焼《ひや》け対策《たいさく》を忘れずに！

海《うみ》は波《なみ》や風《かぜ》があって日《ひ》ざしも強《つよ》いので、プールよりも疲《つか》れやすいんだ。海《うみ》の中《なか》でも熱中症《ねっちゅうしょう》になることがあるよ。だから、準備体操《じゅんびたいそう》や水分補給《すいぶんほきゅう》・休憩《きゅうけい》がいっそう大事《だいじ》なんだ。それと、日焼《ひや》けどめクリームを、顔《かお》、肩《かた》、腕《うで》、背中《せなか》を中心《ちゅうしん》にしっかりぬっておこう。急《きゅう》な日焼《ひや》けは、体《からだ》によくないんだよ！

### おとなの近《ちか》くで遊《あそ》んだり泳《およ》いだりしよう！

海《うみ》の中《なか》では、いっしょに行《い》ったおとなのひとの近《ちか》くで遊《あそ》んだり泳《およ》いだりしよう。

### 波《なみ》に足《あし》をとられないように注意《ちゅうい》！

プールと海《うみ》との大《おお》きなちがいは、波《なみ》や風《かぜ》があること。波《なみ》に足《あし》をとられて、ひっくり返《かえ》ってしまわないように注意《ちゅうい》しよう。砂浜《すなはま》に落《お》ちている貝《かい》がらや岩《いわ》などで足《あし》を切《き》らないように、足《あし》もとにも気《き》をつけながら、ゆっくりと入《はい》ろう。

レジャー編《へん》

知《し》っておこう

# 1

# ライフセーバーのいるビーチで遊《あそ》ぼう

海水浴《かいすいよく》を楽《たの》しむときは、ライフセーバーのいるビーチに行《い》こう。海《うみ》のようすやキミたちのようすを見《み》守《まも》って、危険《きけん》がせまったときは、キミたちをしっかり守《まも》ってくれるんだ。

また、海水浴《かいすいよく》ができるときは、ビーチに青《あお》い旗《はた》がかかげられているので、しっかり確認《かくにん》しよう。黄色《きいろ》や赤色《あかいろ》の旗《はた》になっているときは海《うみ》に入《はい》らないようにしよう。

青《あお》い旗《はた》なら
海《うみ》に入《はい》れるよ！
ライフセーバー
赤《あか》と黄色《きいろ》のユ
ニフォームを
着《き》ている

知《し》っておこう

# 2

# 海《うみ》での安全《あんぜん》な泳《およ》ぎかた

海水浴《かいすいよく》ができるエリアは、浮《う》きブイなどで囲《かこ》まれているので、その範囲《はんい》の外《そと》には絶対《ぜったい》に出《で》ないようにしよう。そこから出《で》てしまうと、潮《しお》の流《なが》れが速《はや》かったり、波《なみ》が高《たか》かったり、急《きゅう》に深《ふか》くなったりするから危険《きけん》なんだ。また、サーフィンや水上《すいじょう》バイクなどとぶつかる危険《きけん》もあるから十分《じゅうぶん》に注意《ちゅうい》しよう。

海《うみ》に入《はい》るときは、ゆっくり身体《からだ》を慣《な》らしながら入《はい》ろう。おへそ～胸《むね》の下《した》くらいの深《ふか》さのところまで移動《いどう》したら、泳《およ》ぎはじめる前《まえ》に、戻《もど》るときの目標地点《もくひょうちてん》をかならず決《き》めよう。
泳《およ》ぐときは、ビーチがわに向《む》かって斜《なな》めに泳《およ》ぐと安全《あんぜん》だよ。少《すこ》しずつビーチに近《ちか》づいていくので、気分的《きぶんてき》にもリラックスして泳《およ》げるんだ。沖《おき》に向《む》かって泳《およ》ぐのは危険《きけん》だからやめようね。
目標地点《もくひょうちてん》をめざして、ジグザグに進《すす》むと、潮《しお》の流《なが》れが変《かわ》わっても楽《らく》に泳《およ》げるよ。

**おうちのかたへ**

海岸ではまれに「離岸流」と呼ばれる沖へ向かう強い水の流れが発生することがあります。この場合、まっすぐ岸に戻ろうとせず、岸と平行か斜めに泳ぐと、その流れから抜け出すことができます。

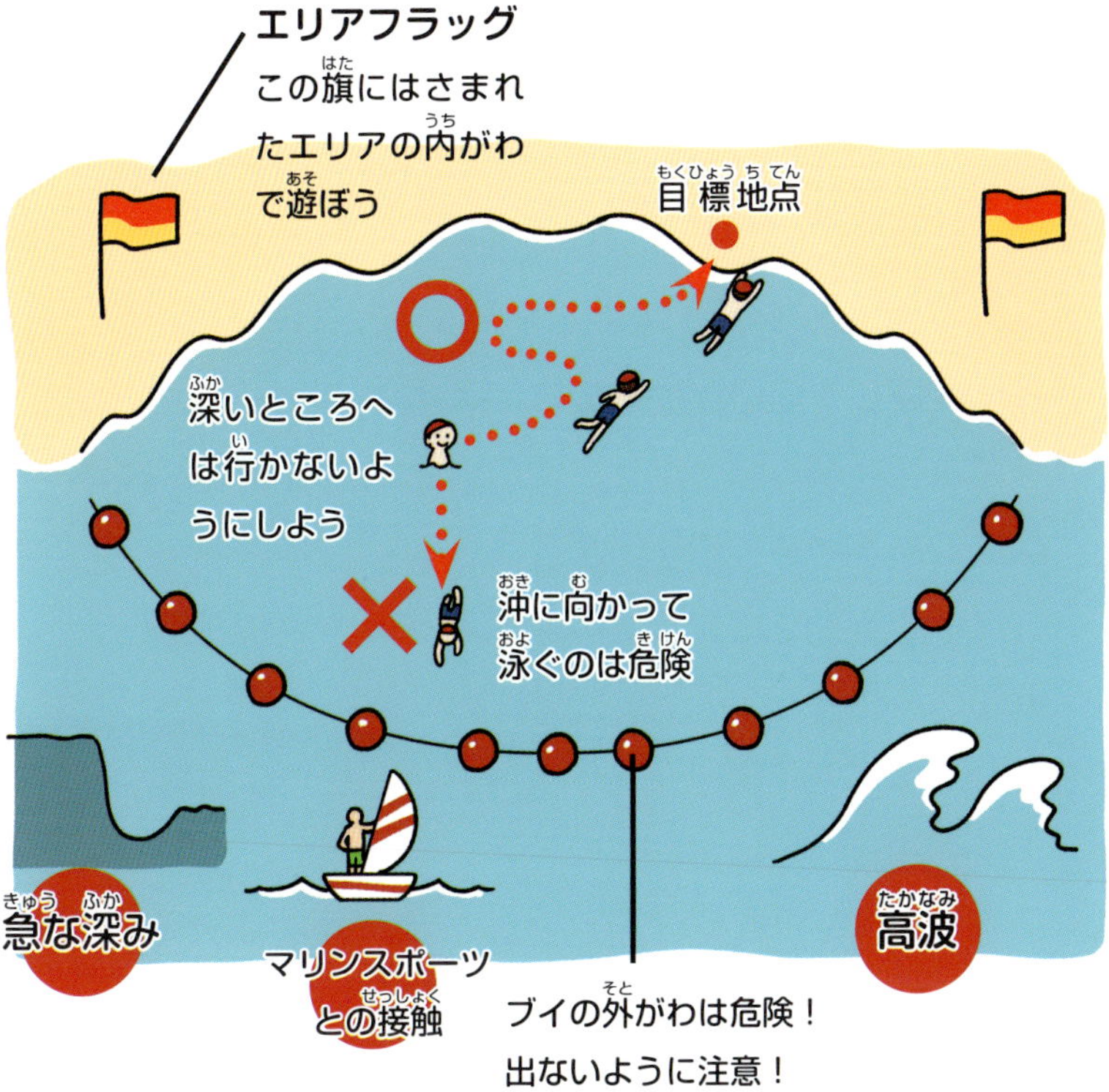
エリアフラッグ
この旗《はた》にはさまれたエリアの内《うち》がわで遊《あそ》ぼう
目《もく》標《ひょう》地《ち》点《てん》
深《ふか》いところへは行《い》かないようにしよう
沖《おき》に向《む》かって泳《およ》ぐのは危険《きけん》
急《きゅう》な深《ふか》み
マリンスポーツとの接触《せっしょく》
高波《たかなみ》
ブイの外《そと》がわは危険！
出ないように注意！

少《すこ》し泳《およ》いだら、立《た》ちどまって、足《あし》がつく深《ふか》さかどうかを確《かく》認《にん》しよう。歩《ある》きながらでもいいので、陸《りく》の浅《あさ》いほうへあわてずに近《ちか》づいていこう。近《ちか》くにいるおとなのひとに声《こえ》をかけて、助《たす》けてもらうのもいいね！

何《なに》も知《し》らないで
海《うみ》で遊《あそ》ぶのは
ほんとに
危険《きけん》なんだね……。

知《し》っておこう

# 3

# 流《なが》されたボールなどは 無理《むり》に追《お》いかけない

ビーチボールや浮《う》き輪《わ》などが沖《おき》に流《なが》されてしまっても、無理《むり》して追《お》いかけるのはやめよう。

急《きゅう》に水深《すいしん》が深《ふか》くなったり、潮《しお》に流《なが》されたりして、おぼれてしまうかもしれないよ。

とにかく安全《あんぜん》を優先《ゆうせん》して、無理《むり》な行動《こうどう》をしないことが大切《たいせつ》なんだ。

知《し》っておこう

# 4

# 足《あし》が着《つ》かない場所《ばしょ》に行《い》ってしまったら

もし足《あし》が着《つ》かない深《ふか》みにハマってしまい、泳《およ》いで元《もと》の位置《いち》にもどれなかったら、「ボビング」という動《うご》きで切《き》り抜《ぬ》けよう。「ボビング」とは、海底《かいてい》を蹴《け》って浮《う》き上《あ》がり、またしずんで海底《かいてい》を蹴《け》ることをくり返《かえ》して移《い》動《どう》する方法《ほうほう》だよ。この「ボビング」はプールでもかんたんに練習《れんしゅう》できるので、ぜひトライしてみよう。

海面《かいめん》に頭《あたま》を出《だ》して息《いき》つぎをする
あせらず、しっかり海底《かいてい》を蹴《け》ってジャンプする
ひざで力《ちから》をためてななめ前《まえ》へおもいきりジャンプ！

知《し》ってこう

# 5

# 「助《たす》けて」サイン を覚《おぼ》えよう

緊急事態《きんきゅうじたい》のときは、右手《みぎて》を高《たか》く上《あ》げて、ビーチに向《む》かって手《て》を大《おお》きく左右《さゆう》に振《ふ》ろう。これは、ライフセーバーに対《たい》する「助《たす》けて！」というサインになるんだ。

なんでもないときに友《とも》だちや家族《かぞく》に向《む》かって腕《うで》を大《おお》きく振《ふ》ると、「助《たす》けて」のサインだと間違《まちが》われることがあるので気《き》をつけよう。

右手《みぎて》を大《おお》きく左右《さゆう》に振《ふ》るのが「助《たす》けて」サイン。ライフセーバーが助《たす》けにきてくれる

しっかり読《よ》んでくれたかな？　最後《さいご》にひとつお願《ねが》いだよ。海《うみ》で遊《あそ》んだら、食《たべ》べたあとのゴミや、空《あ》き缶《かん》、ペットボトルなどはかならず持《も》ち帰《かえ》ろう。きれいな自然環境《しぜんかんきょう》を守《まも》ることは、すごく大切《たいせつ》なことだからね！

こうしたことに気《き》をつければ、心《こころ》おきなく海水浴《かいすいよく》を楽《たの》しむことができるね！

知《ち》識《しき》編《へん》

# 子どもたちを見守る大人のかたへ

もんた先生にきく！

# お子さまの練習をサポートする大人のためのQ&A

**Q プールが苦手な子でも泳げるようになりますか？**

A ひとつだけ条件があります。それは、「ゴーグルをつけた状態で、顔を水につけることができること」です。これができる小学生以上のお子さまなら、3日間、復習を含めてしっかり練習をすれば泳げるようになります。

3日間で難しい場合は、この本の練習法をくり返していただければ、プラス数日でなんなく25メートルを泳ぎきることができるはずです。

**Q 練習で使用するプールに何か条件はありますか？**

A かならず胸から上が出る深さのプールで練習してください。

足が着かない深さや首から上しか水の上に出ていない状態だと、水への恐怖心が先立ってしまい、まったく練習になりません。

また、立った状態での腕の動きの練習や、呼吸の練習をするのも難しくなってしまいます。

## Q 「口から吸って鼻からはく」呼吸の練習のメリットはなんですか？

A

水中で「鼻から息をはく」習慣を身につけると、鼻から水が入ってくることがなくなり、短期間で確実に泳ぎを習得することができます。

呼吸には「口から吸い、鼻からはく」「口から吸い、鼻と口の両方からはく」「口から吸い、口からはく」の３パターンがあります。

「口から吸い、口からはく」呼吸のしかたは、もっとも簡単なため、初心者にすすめている場合もありますが、初心者はどうしても鼻から水が入ってくることが多く、それだけで恐怖感や不快感をもってしまうことがあります。

慣れてくると、実際に泳ぐ際には、「口から吸い、鼻と口の両方からはく」ほうが楽に感じられるようになります。

## Q 鼻からゆっくりはくのが苦手みたいです。良い方法はありますか？

A

口から大きく吸った空気を、水中で少しずつ鼻からはいていくのが基本ですが、どうしても長く続かない人は、少しはいては止め、数秒後にまた少しはいては止めるという方法を試してみてください。

## Q スイミングスクールで教わったキックのしかたと違うのですが？

A

この本は、短期間で25メートルをクロールで泳げるようになることを目的としています。そのため、最終的には覚えたほうが良い技術でも、最初からそれを練習すると逆に時間がかかってしまうと思われることは、すべてカットしています。

「キックは通常推奨されている6ビートを練習させるべきだ」とか「キックする足は力を抜いてゆっくり打

つべきだ」とか、指導者のかたからは、いろいろなご意見が出ることでしょう。

しかし、この本では、「とにかく、キック幅を小さくできるだけ速く打つ」練習をしています。そうすることで、自然に下半身が浮き、無理なく腕の動きや息つぎ動作の習得につなげていくことができるからです。そして、最終的に息つぎしながら泳げるようになった時に、足の打ちかたや力の入れかたをいろいろ試してみればよいわけです。

**Q**

## ビート板を持ってキック練習するとき、なぜ顔を水につけるのですか？

**A**

顔を水面から出してキック練習をすると、腰から下が沈みがちになってしまうからです。したがって、ビート板を使用してキックの練習をするときは、かならず最初から顔を水につけておこないます。

**Q**

## 正しくキック練習しているのに、腰が沈みがちです。良い方法はありますか？

**A**

どうしても腰が沈みがちな場合は、さらにキック幅を小さくします。それでも沈むようなら、水中の前方を見ていた視線を、真下を見るように変えます。すると、頭がほとんど水面下にあるため、下半身の浮力がとりやすくなり、腰が沈みにくくなります。

**Q**

## 水中から壁を蹴ってスタートした後、うまく浮上できません。

**A**

両手の向きと目線の向きによって、水中での進む方向が決まります。壁を蹴ると同時に水中深く沈んでしまう場合は、両手と目線を上方に向けてみましょう。身体全体が斜め上方向へ進んでいくのが実感できます。

Q **テレビでは「手の指を少し開いたほうが速く泳げる」といっていましたが……？**

A ここでの目的は「速く泳ぐこと」ではなく、「泳げるようになること」です。そのためには、手の指を密着させて水の抵抗を体感し、自分の力で進んでいる感覚をつかんでもらうことが大切です。

Q **なぜ、腕のフォームの練習は歩かずにその場でおこなうのですか？**

A 歩いて腕の動作練習をすると、かならず上下動が発生し、水中での腕の動きやリカバリーの動きを習得するさまたげになります。移動せずに、その場でおこなってください。

Q **水をかくフォームを教えるのが難しいです。簡単な教え方はありますか？**

A 「水中での腕の軌跡がS字を描く」とか、「身体の下をストレートに動く」とか、技術的なことはいろいろありますが、難しいことは忘れてください。

ひじの位置を変えずに、車のワイパーのように手のひらを胸からおなかの下まで持ってきて、あとはひじのことを考えず、太ももの外まで水を一気に押し切る動作だけ理解できていれば十分です。

Q **リカバリーの動作が苦手です。腕を前方に戻すときのコツはありますか？**

A リカバリーの動作では、一つの重要なポイントがあります。このポイントさえ守っていれば、どんなやりかたでリカバリー動作をおこなってもかまいません。

そのポイントとは、「リカバリーする腕のひじの位置が常に肩の位置よりも上にある」ことです。ひじが肩よりも下（ひじが落ちた状態）にあると、腕の多くの部分が水の抵抗を受けてしまい、身体が前に進まなくなるからです。

## 学校では、息つぎの動作をビート板を使って教えてもらいましたが……

腕の動きの練習では、ビート板の使用はおすすめできません。

実際にやってみればわかりますが、左腕を前に伸ばした状態では、右側の肩を前方へ入れ込むことができません。右手を水に入れると同時に左手が動きはじめないと、うまく体重を乗せて泳ぐことはできないのです。

ビート板を使うと、片方ずつの腕の動きしかできません。これでクセがついてしまうと、かならず前で両手をそろえてからもういっぽうの腕をかくことになり、「前方への体重移動がまったくできない、腕だけの無理な泳ぎ」となってしまいます。

## 水に手を入れるとき「肩幅より20センチ外側へ」入れるのはなぜですか？

一方の肩を前方に入れながら体重移動をおこなうと、身体が頭からお尻までの軸を中心に回転（ローリング）することになります。体重を片方の腕にのせきったときには、ちょうど腕が肩幅の位置にくることになるからです。また20センチくらいというのはあくまでも目安で、そのひとの体型やローリングの角度によっても違います。手を水の中に入れ、伸ばした腕に体重をのせていったとき、その腕がまっすぐ肩の前の位置にくるように調整しましょう。最初から肩幅の位置に手を入れてしまうと、最終的には、腕が身体の内側に入り込むことになり、ジグザグな泳ぎになってしまう傾向がありますので、注意してください。

Q
## 左右の腕の動きを上手に連動させるためのコツを教えてください。

A
左右の腕をかき始めるタイミングが重要です。

基本は「片方の手が水に入る直前に、反対の手を動かしはじめる」です。片方の手が水に入る瞬間までは、伸ばしている反対の腕の位置をキープしましょう。実際には、伸ばしている腕は少しずつ水中の深い位置に移動していくのですが、感覚としては、最初の位置（深さ）を保つ意識を持つとよいでしょう。

初心者のかたは、水中に伸ばしている腕を、もういっぽうの腕が水に入る直前までキープできず、すぐに水中深くに落ちてしまうか、すぐかき始めてしまいます。

これを防止するには、水に入れた手を時間を長くとって伸ばしきることです。こうすることで、反対側の腕が入る前に腕が沈まなくなります。片方の手を水に入れる前に反対側の腕が下方へ沈み込むと、前進する力がさまたげられてしまうので注意しましょう。

また、早いタイミングで腕が水中深くに沈んでしまうと、上半身が下方に沈み込むことが多く、呼吸動作がたいへん難しくなります。

いっぽうの手が入る直前に、もういっぽうの腕を動かし始める泳ぎかたを、グライド・クロールと呼びます。これに対し、水に手が入るタイミングを待つことなく、常に両腕が動いているものをコンティニュアス・クロールと呼びます。この本では、十分なのびをとって泳ぐ感覚を身につけるため、グライド・クロールで練習します。

Q
## 息つぎを片方だけでおこなうように教えるのはなぜですか？

A
息つぎをするときは、伸ばしているほうの腕に意識を集中させる必要があります。それを覚えるためには、まずは片側だけで練習し、感覚を覚えていくのがよいのです。左右両方での息つぎは、泳ぎなれてからで十分です。

## Q　スイミングスクールでは「右利きだから、まずは右の息つぎの練習をしましょう」と教わりました。

## A

この本では「右利きなら左の息つぎ、左利きなら右の息つぎ」をおすすめしています。呼吸するほうと反対側の腕にタイミングを合わせる利点は2つあります。

1つは反対側の腕（利き腕）に頭をくっつけていくように回転するイメージをつかむのは、呼吸するほうと同じ側の腕にタイミングをあわせるのに比べて、非常に簡単であるということです。頭とタイミングをとる腕（利き腕）との距離が近いので、身体が覚えやすいのです。

多くのスイミングスクールでは、右利きのひとには、右呼吸をすすめています。利き腕が水中で水をかき始めるときに一緒に同じ方向に頭を回転させ呼吸させようとしているからです。しかし、タイミングを合わせている腕（利き腕）は水中にあり、呼吸のために回転する頭との間には距離があり、連動するイメージがわきにくいので、初心者が呼吸動作のタイミングをつかむのが難しいのです。

もう一つの利点は、どちらの腕で呼吸動作のタイミングをとるかで、呼吸を開始する時間に違いが発生することです。呼吸するほうと反対側の腕でタイミングをとる場合、同じ側の腕と比べ、呼吸動作が自然に早まる傾向があります。呼吸する側と反対側の腕にタイミングを合わせると、腕のリカバリーと同時に呼吸のための頭の回転が始まります。このとき呼吸をする側の腕は、まだ前方水面近くの水中に伸びています。もし、呼吸する側の腕にタイミングを合わせるなら、まだ腕が水をかきはじめていないので呼吸準備動作が開始されません。

このように、呼吸するほうと反対側の腕に意識を集中させて、呼吸動作のタイミングをとることは、「より早い呼吸動作の開始」と「タイミングの取りやすさ」の2つの観点から、クロールの息つぎをできるだけ効率的に習得させるたいへん有益な方法なのです。

## Q 息つぎをするとき、顔を全部上げたほうが空気をたくさん吸えると思うのですが……

**A** 頭のてっぺんを水面につけておかないと、姿勢が崩れて、よけいに苦しくなります。

初心者の方ほど、つい頭のてっぺんを水面から離したり、頭を前に上げて無理に呼吸しようとしてしまいます。頭が水面から離れると、呼吸のたびに頭が立ち、同時に体は沈んでしまいます。体が沈むと、呼吸動作がますます難しくなっていくのです。

## Q 息つぎは、どれくらいの頻度でやればいいですか？

**A** まずは「呼吸は、必要なときに数回だけ」で十分です。肺に空気が残っていると、呼吸動作をしても空気が吸えません。「呼吸動作をする前に水中で息をはききること」が成功のカギです。じつは、自分では息をはききったと思っていても、肺の中には20～30％程度は空気が残っています。ですから、かならず毎回息つぎをする必要はないのです。「空気が必要」と感じたらていねいに息つぎをしてみましょう。慣れてくれば、毎回呼吸や2回に1呼吸など、リズムをとりながら息つぎができるようになります。

## Q 息つぎで水を飲まないようにするコツはありますか？

**A** 頭のてっぺんは水にずっとつけておく、うまく呼吸ができないときは頭の回転角度を大きくし、口を水面上に出す（最初は天井を見るくらいでもOK）、呼吸するほうと反対の腕にタイミングを合わせるといったことが大事です。呼吸動作に入るのは、水中で息を十分にはききってから。残っている空気を「フッ」とはき出して吸うとよりスムーズにできます。

## 水泳で「やればできる！」を経験させてあげましょう

「先生、ありがとう！　プールがいやで学校にも行きたくなかったけど、泳げるようになったら、学校へ行くのも楽しくなったよ！」

「『この前は泳げなかったのに、すごい！』って、みんなの仲間に入れてもらえた！」

これは、私が実際に生徒さんからいただいた言葉です。

スポーツをとおして達成感を味わうことができると、勉強でも、何ごとに対しても前向きにチャレンジできるようになります。目標を達成した生徒さんの晴れやかな表情に触れ、その後のめざましい活躍を知るたびに「スポーツとはなんてすばらしいものだろう」とあらためて感じます。

スポーツに苦手意識をもつお子さんにとって、体育のプールの授業は気が進まず、つらい時間だと思います。私がこの本を書いたのは、「クロールで25メートル泳ぐ」という体験によって、そんな子どもたちに「やればできる！」という達成感を味わってほしいと思ったからです。そして同時に、「スポーツって楽しい！」という実感を、ひとりでも多くの子どもたちに得てもらいたいと思っています。

## お子さまの可能性を広げるために

幼稚園から小学生低学年にかけての年代は、運動感覚の基礎がつくられる大事な時期です。運動神経や音感、言語能力の90％近くが形成されるからです。

このころに、外遊びなどでよく身体を動かしたり、水泳や体操、球技といったスポーツに親しんだりしていると「運動神経がよい」子どもに成長するといわれています。生まれつき「運動が苦手」な子どもはいないのです。運動が苦手なお子さんは、さまざまなことが原因でこの時期に習得の機会を失ってしまっただけなのです。

「自分はスポーツが苦手だ」という羞恥心がいったん芽生えると、ますますスポーツが嫌いになり、進んで取り組まないことによってさらに苦手になってしまうという悪循環が生まれるのです。本来スポーツから得られるはずだった達成感や成功体験、それに多くの仲間が得られないのは、本当にもったいないことです。

しかし、このような状態におちいってしまった子どもたちに、体を動かすことの楽しさを感じさせてくれる場が、どこにあるでしょうか。ボールさえ投げることができない、バットやラケットにボールがかすりもしない、かけっこでもいつもビリ、プールではバタ足で前に進むことすらおぼつかない……。そんな子どもたちをサポートしてくれるところは、学校教育においても、スポーツクラブやサークルの初心者クラスにおいても、残念ながらほとんど見当たりません。

私のライフワークは、そのような子どもたちが、なんらかのスポーツを生涯にわたって楽しみ続けられるよう、少しでもお手伝いをすることです。

運動に対する苦手意識を一朝一夕で克服することは、一見難しいように思えます。しかし、たったひとつの成功体験で子どもたちが大きく成長を遂げていくさまを、他でもない私自身が何度も目の当たりにしてきました。「クロールで25メートル泳げるようになる」という、たった一つの小さなことが、豊かな可能性を広げていくきっかけとなるのです。

## コーチとしてのあゆみ

現在は仕事のかたわら水泳のコーチをしている私ですが、小さなころは、けっして水泳が得意だったわけではありません。そんな私を変えたのは、大学生のころより長年にわたりご指導いただいた、梶川孝義《かじかわたかよし》先生との出会いでした。梶川先生は早大出身の元オリンピック選手で、１９５２年のヘルシンキ五輪で5位に入賞、引退後は日本初の会員制総合スポーツクラブ「東京アスレティッククラブ」で理事を務めながら、水泳指導のヘッドとして活躍されてきました。

そんな梶川先生の指導方法は、生徒たちと気さくにたくさん会話をし、生徒たち自身の頭で考えさせながら進めていくという、私のような初心者にも親しみやすいものでした。そして、良いところや、新しくできたことが少しでもあれば、かならずほめてくれました。

梶川先生のコーチングによって、「すばらしいコーチは、人の一生を左右するほどのサポートができるんだ」と気がついた私は、一般企業に就職してから、先生の「ほめる指導」「一緒に考える指導」をお手本に、スイミングの個人レッスンを開始しました。

２０１３年からは、教わりたい人と教えたい人をマッチングする習い事のウェブサイト「おしえるまなべる」（リクルート社主催）にコーチ登録し、以前からも含めると数百名におよぶ生徒さんのサポートをおこないました。

その結果として、たいへん光栄なことに、水泳を含むスポーツ部門全体で「全国１位の人気講師」というタイトルをいただきました（２０１４年度）。

生徒さんと一緒に「25メートル完泳」に向かって進んでいく、まさに伴走者の気分でおこなってきたこのプライベート・コーチングも、気がつけばすでに20年以上が経過しました。

そんな私のコーチング経験の中から、いくつかの心に残るエピソードをご紹介したいと思います。

エピソード
1

# 3日で25メートル！奇跡のコーチングエピソード

## 泳げるようになった成功体験が進路まで変えた

（小学5年生／男）

大阪から東京へ転校してきた彼は、大阪の学校にはプールがなかったため、東京の小学校で初めてのプールの授業を受けました。幼いころにスイミングスクールにかよっていたことがあるのですが、どうしても好きになれず、すぐにやめてしまったそうです。ですから、水には顔がつけられるのですが、2～3メートルをバタ足で進むのがやっとでした。

新しい学校でのプールの授業がいやで、学校へも行きたくないという状況が続いたため、お父さまから個人指導のご依頼がありました。彼自身も、頑張って泳げるようになりたいとのことで、週1回のペースで練習を開始しました。

彼の場合は、2回目で25メートルクロールを完泳しました。すごく喜んでいたことを覚えています。5回目で50メートルを完泳できたので、平泳ぎの練習に入りました。夏が終わるころには、クロールも平泳ぎも、１００メートルをらくらく泳ぎきれるようになっていました。

そして彼が小学6年生になると、泳ぎの模範生に選ばれ、同学年のみんなの前でデモンストレーションをおこなったのです。１年前にはまったく泳げなかった彼が、毎週スイミングスクールにかよっているクラスメートにまじって、模範生に選ばれたのです。

私は、効率的なプログラムを用意してサポートしただけにすぎません。彼自身の、不得意なことに果敢にトライする前向きな姿勢があったから得られた成果です。

その成果は受験にもプラスに作用しました。第一志望の私立中学校に合格したのです。この学校には水泳の授業があったため、一時は入学をあきらめていたそうです。それが「プールのある中学へ行きたい」とご両親に伝えるまでになったと聞いただけで、うれしくて熱いものがこみあげてきました。

彼はこの貴重な成功体験を一生の宝物として、いろいろなことにトライしていくことでしょう。さまざま困難な状況に直面しても、きっと乗り越えていくものと確信しています。

エピソード 2

# まるで別人のように変貌を遂げた小学校最後の夏

（小学6年生／男）

小学生のうちに、息子さんにどうしても25メートルを泳げるようになってもらいたいという、千葉県在住のお母さまから連絡をいただきました。

お母さまの話によると、スイミングスクールには行っていませんでしたが、毎年、区の短期水泳教室に通っていたとのこと。実際に泳いでもらうと、10メートルくらいは呼吸なしのクロールでなんとか移動できるといった感じです。「これなら結構いけるかもしれない」、と期待を抱きながらレッスンをスタートしました。思ったとおり、初回で25メートルをクロールで完泳できました。本人もお母さまも、大喜びでした。

しかし本当に驚くべきことは、2回目の練習で起こりました。「ターンをしてどこまでいけるかやってみよう」ということで泳いでもらったところ、ターンしてプールの半分までいきました。「もしかすると」と思い、少し休憩してから再挑戦してもらうと、なんと、50メートルをみごとに完泳したのです。これには、さすがに僕も驚きました。

それだけではありません。まだ60分近く時間があるので、平泳ぎの練習にもトライしてみました。彼は、平泳ぎはまったくできませんでしたが、練習を開始して30分あまりで平泳ぎで25メートル、さらには50メートルまで泳いでしまいました。小学校6年生まで、どの泳法でも一度も25メートルが泳げなかった子です。特別な才能があったわけではないのに……これにはほんとうに言葉も出ませんでした。

彼とのレッスンはこの2回で終了しましたが、その驚きは今でも鮮明に心に焼きついています。

## エピソード 3

# あきらめかけていた夢を取り戻したレッスン

（20歳代前半／女）

「ダイビングに挑戦してみたいのですが、昔からスポーツが苦手で、泳ぐこともできません。バタ足で4～5メートル進むのがやっとです。泳げなくてもダイビングはできると言われましたが、やはり不安です」という、20歳代前半の女性から、連絡をいただきました。「これで泳げなかったら、ダイビングはほんとうにあきらめようと思います」というメッセージを読んで、少しでもサポートできたらという思いでレッスンを引き受けることにしました。

彼女の場合は、初日のレッスンで、呼吸なしのクロールで25メートルプールの半分を超える距離を泳ぎました。そして2回目のレッスンで、みごと完泳。

「夢みたいです！」。ほんとうにうれしそうな彼女の顔を見ていると、なんだか僕のほうまでうれしくなりました。

そのあと、すぐに彼女からメールをいただきました。

「どんなに練習しても泳げなかった自分が、25メートルを泳げるようなったのが信じられず、今日、区のプールに行ってきました。ちゃんと泳げましたよ！　夢じゃなかったんだと大感激です。これで、憧れていたダイビングが始められます。きれいなおさかなをたくさん見てみたいです。ほんとうにありがとうございました」

水泳ができると、海のスポーツにも安全にチャレンジできます。彼女は大きな自信を得て、夢を現実のものにしました。そのお手伝いができたことを、僕も心から嬉しく思いました。

# おわりに

ここまでお付き合いくださり、ありがとうございました。

水泳をはじめとするスポーツは、体を動かすことの楽しさ、努力やチームワークの大切さ、他人を尊敬しいたわる姿勢、助け合いの精神など、人が生きていくうえで必要なたくさんのことを教えてくれます。人生をよりよい方向に導く無限の可能性を、スポーツはもっているのです。

この本が、スポーツに苦手意識をもっている子どもたちにとって少しでも助けになれば、こんなに嬉しいことはありません。

そして、スポーツを好きになってくれる子どもを増やすことが、結果としていじめや自殺、引きこもりの改善・減少につながっていくことを願ってやみません。

最後になりましたが、貴重な出版の機会を与えてくださった青月社の笠井譲二編集長、わかりやすい構成をしていただいた編集部の小松久人氏に心より感謝いたします。

すてきなイラストを描いていただいたハナツカシオリさん、プールでの撮影に快く協力してくださった（株）プロスパーデザインの谷ノ上健二氏、（株）プルーヴィットの佐藤佳祐カメラマンにお礼申し上げます。

そして、公私にわたり長年私を支えてくれた両親、加藤義彦、英子に、この場をお借りして感謝の意を表します。

２０１８年６月　吉日

著者

「25メートル、
ほんとに泳《およ》げるようになったよ！」
というお手紙《てがみ》が届《とど》くのを
心《こころ》待《ま》ちにしてるよ！

◉著者プロフィール

## 加藤義範（かとう・よしのり）

北海道室蘭市生まれ。早稲田大学教育学部を卒業後、アディダス ジャパン、ワーナー エンターテイメント ジャパンなどで勤務するかたわら、泳ぎが苦手な子どもたちのためにスイミングのプライベートコーチングに取り組む。生徒のやる気を引き出すわかりやすい指導法で、数百名におよぶ「泳げるようになりたい」子どもたちの目標達成をサポート。学びたい人と教えたい人をマッチングするリクルート社のウェブサイト「おしえるまなべる」では、スポーツ部門の人気インストラクター全国第1位（2014年度）を獲得。


2003年1月、早期英語教育にスポーツを取り入れたプリスクール「くにたちキッズインターナショナルスクール」を東京都国立市に開園。100名以上の園児が通う規模に拡大させる。

2010年、スポーツ、ミュージックを重点科目とする幼小中一貫教育施設「東京ウエストインターナショナルスクール」を東京都八王子市に開校、米国より国際学校としての認定を受ける。同時に、プリスクール「セントラルフォレストインターナショナルスクール」を神奈川県大和市に開園。

2013年、プリスクール「CFISスポーツ・ミュージック　キンダーガーテン」を東京都立川市に開園。

2018年からは、学習・運動が苦手な小中学生のサポート、およびシニア世代の学習・健康づくりのサポートを行う「ラーニング・サポート合同会社」を設立、代表を務める。また「スポーツがいじめをなくす」をスローガンに、青少年をサポートする「あすなろプロジェクト」を主宰。

現在は、コミュニケーション（日本語・英語）、数理能力に加え、運動と音楽の感覚を楽しんで身につけられる日本人のための保育施設「横浜南プリスクール」の開園にむけて奔走中。

**主な資格**

公認水泳教師（公益財団法人 日本スポーツ協会、公益財団法人日本水泳連盟、一般社団法人 日本スイミングクラブ協会 認定）／泳力認定員（日本スイミングクラブ協会）／ベーシックライフセーバー（日本ライフセービング協会）……など水泳に関連する資格を多数所持

ラーニング・サポート合同会社
〒232-0056　神奈川県横浜市南区通町2-39-14 吉野ビル1階
ホームページ：www.learning-support.net
メールアドレス：kato@learning-support.net

# 3日《か》で25メートル泳《およ》げちゃう本《ほん》

発行日　2018年7月2日　第1刷
2018年8月1日　第2刷

定　価　本体1200円＋税
著　者　加藤義範
イラスト　ハナツカシオリ
発　行　株式会社 青月社
〒101-0032
東京都千代田区岩本町3-2-1 共同ビル8F
TEL 03-6679-3496　FAX 03-5833-8664
印刷・製本　株式会社シナノ


ISBN 978-4-8109-1320-0